Stark wie ein Baum

Der spirituelle Begleiter durch das Kirchenjahr

kbw bibelwerk

www.bibelwerk.de
ISBN 978-3-460-27165-4

Umschlaggestaltung: Finken & Bumiller, Stuttgart
Satz und Layout: Eva Maria Westerdick, Mülheim ad Ruhr

Druck und Bindung: Ludwig Auer GmbH, Donauwörth

Inhaltsverzeichnis

Für meinen Mitbruder P. Alexander Kotschetkoff

Er korrigierte alle meine Bücher. Trotz seiner schweren Krankheit hat er auch dieses Buch begleitet.

Vorwort – Das Kirchenjahr

Die Feste des Kirchenjahres bestimmen in unserem Land auch das bürgerliche Jahr. Von der Substanz der christlichen Feiertage, ihrem Sinn und ihrem Brauchtum leben mehr oder weniger alle Menschen unseres Kulturkreises, auch wenn sie der Kirche fern stehen.
Zivilisation ebnet alles ein, macht alles gleich. Die gleiche Mode in Hongkong und Rio, die gleichen Haarfrisuren in Paris und New York. Kultur und Religion schaffen und bewahren die Unterschiede. Das Brauchtum zum Beispiel kennzeichnet ein Volk. Und die Religion ist auch heute noch prägend für den Lebensrhythmus. Ist die Arbeit nicht oft eintönig und der Alltag grau? Die Festtage aber machen das Leben fröhlich und bunt. Ein Volk findet seine Identität in der Feier seiner Feste.
Im Rhythmus des Jahreskreises beginnt das Kirchenjahr mit dem ersten Adventssonntag und endet am Christkönigsfest, dem letzten Sonntag vor dem Advent. Das bürgerliche Jahr beginnt vier Wochen später, am ersten Januar. Die liturgischen Feste des Kirchenjahres haben ihren Sitz im Leben im Ablauf der Jahreszeiten. Ostern zum Beispiel kann man in unseren Breitengraden nur im Frühling feiern.
Der Ablauf des Kirchenjahres ist geprägt vom Werden und Vergehen der Natur. Gibt es ein besseres Bild für den Kreislauf des Jahres als einen Baum? Sein wechselndes Blätterkleid ist wie ein Sinnbild für den Wandel des Lebens.
Der Baum ist ein lebendiges Symbol des Lebens. Sich in seine Botschaft hineinzudenken und hineinzufühlen, dazu möchte dieses Buch helfen. Auch die Bibel schöpft aus diesem Reichtum in vielen Bildern und Gleichnissen. Und das Kirchenjahr mit seinen Festen und liturgischen Feiern ist beseelt von den vielen Impulsen, die die Natur mit ihren Jahreszeiten entfaltet.
Wer die Sehnsucht nach Leben in sich entdeckt, wählt den Baum als Lehrmeister. Er gibt keine billigen Rezepte. Er berührt das Geheimnis des Lebens. Wer sich einlässt, findet die Quellen, aus denen er schöpfen kann. Er entdeckt die Wurzeln, die ihm Standfestigkeit geben. Er spürt, dass seine Krone dem Himmel entgegenwächst.
Als Kind fuhr ich oft mit meinem Vater in die Wälder und brachliegende Landschaft. Unser Betrieb hat im Emsland viele tausend Hektar Wald aufgeforstet. Als Schüler las ich gern im „Grünen Blatt“ der Bauern und Förster. Als Theologiestudent lieh ich mir von den Bibliotheken Bücher aus, die über Pflanzen und Bäume in der Bibel berichte-

ten. Später habe ich Exerzitienkurse begleitet, in denen der Baum unser Wegbegleiter war. Sehr reich ist die Zeichensprache des Baumes: Wurzel und Quelle, Stamm und Standfestigkeit, Samen und Frucht, Krone und Himmel. Vor vier Jahren schrieb ich für Internet-Exerzitien einen spirituellen Begleiter für die Fastenzeit: Wachsen wie ein Baum.
Dieses Buch möchte unsere Feste und Feiern im Kirchenjahr durch die Botschaft der Bäume neu deuten. Aus dem Reichtum der Schöpfung, den die Bibel meisterlich entfaltet, will dieses Buch für die Feier der Liturgie aus dem religiösen Brauchtum schöpfen. Meine Erfahrungen mit Bäumen und Wäldern und Texten aus meinem spirituellen Fastenbegleiter können uns auf dem Weg durch das Kirchenjahr erschließen, was der Titel des Buches sagen will: „Stark wie ein Baum“.

15. August 2007 *Ihr Pater Erich*

Den Rhythmus der Schöpfung neu entdecken

„Lernt etwas aus dem Vergleich mit dem Feigenbaum! Sobald seine Zweige saftig werden und Blätter treiben, wisst ihr, dass der Sommer nahe ist.“ (Mt 24,32)

Werden und Vergehen

An den Bäumen erleben wir anschaulich die Jahreszeiten: Frühling, Sommer, Herbst und Winter. Wir wären ärmer ohne Jahreszeiten. Es gibt Landstriche auf unserer Erde, die den Wechsel der Jahreszeiten nicht kennen. In Ländern in der Nähe des Äquators behalten die Bäume ihr Laub. Immer grünt es neu, und immer fällt das Laub zur gleichen Zeit.
Ich möchte den Wechsel von Frühling, Sommer, Herbst und Winter nicht missen. Ohne diesen Wechsel fehlte mir ein Stück Kreativität. Beständigkeit ohne Wandel wäre für mich trostlos. Wie freue ich mich, wenn nach dem kalten Winter die ersten Blüten an den Bäumen aufbrechen. Wie gern hole ich im Sommer einen rotwangigen Apfel aus dem Garten. Wie gut tut ein Spaziergang im bunten Herbstwald. Wie leuchten die Schneekleider der Tannen in frostigen Wintertagen.

Vier Jahreszeiten

Der Winter bringt die Botschaft, dass wir Ruhepausen brauchen: um warten zu können in der Hektik unserer Tage, um Kräfte zu sammeln in die Speicher unserer Lebensquellen.
Der Frühling bringt die Botschaft, dass das Leben stärker ist als der Tod. Mit jedem grünen Blatt, das aus der Knospe bricht, mit jeder zarten Kirschblüte wird unsere Hoffnung neu geweckt.
Der Sommer bringt die Botschaft, dass mit der Ernte alle Mühsal belohnt wird. Die Früchte reifen an den Bäumen unter dem Segen des Himmels.
Der Herbst bringt uns die Botschaft, dass wir Abschied nehmen müssen. Die Blätter, die jetzt fallen, lehren uns die Kunst loszulassen.

Alles hat seine Zeit

Wie die Bäume in unseren Breitengraden die Jahreszeiten halten, so können wir lernen, dem eigenen Leben einen Rhythmus zu geben. Das Leben hat immer ein Maß und braucht eine Ordnung. Ein alltäglicher Rhythmus ist uns vorgegeben. Der Rhythmus von Tag und Nacht, von Wachsein und Schlafen, von Werktag und Sonntag. Die Maßlosigkeit verursachen wir selbst. Wir drücken auf den Lichtschalter und verwandeln die Nächte in Tage. Wir trinken eine Tasse Kaffee und verdrängen

die Schläfrigkeit. Wir schlucken Vitaminpräparate und verkürzen den Urlaub. Wir haben viele Möglichkeiten, natürliche Ordnungen zu durchbrechen.
Aber alles Übermaß ist vom Übel. Alle Einseitigkeit macht uns krank. Alle Extreme machen uns depressiv. Die Tugend liegt im Maß, das Laster im Extrem. Es ist die Kunst des Lebens, die richtige Dosierung zu finden. Ein schädliches Gift kann zur Medizin werden, wenn es im richtigen Maß verabreicht wird.
Die Extreme möchte ich meiden und ein vernünftiges Maß für mein Leben entdecken. Nicht nur mein Tag braucht einen Rhythmus, auch die Wochen im Jahreskreis haben ihre eigenen Farben. Ich mag keine Osterglocken zu Weihnachten und keine importierten Rosen mitten im Winter.

Im Rhythmus des Kirchenjahres

Das Brauchtum der Völker schöpft aus dem Kalender des Kirchenjahres: der Adventskranz und der Weihnachtsbaum, der Palmzweig und die Ostereier, der Erntekranz und die Pilgerfahrt. Wenn wir die Banalität der Zivilisation überwinden wollen, sollten wir die Feste im Kalender rot unterstreichen. Leider druckt man heute Lehrerkalender, die Weihnachten und Ostern nicht mehr vermerken.
Der liturgische Kalender des Kirchenjahres macht meine Wochen farbig und bunt. Das Violett im Advent, das Weiß und Gold zu Ostern, die rote Farbe des Feuers zu Pfingsten, das Grün der Messgewänder, das an grauen Alltagen getragen wird.
Die Hochfeste des Kirchenjahrs bestimmen den Rhythmus der Gemeinden: Weihnachten, Ostern, Pfingsten. Jedem dieser großen Hochfeste geht eine unterschiedlich lange Vorbereitungszeit voraus, die vor allem zu einer geistigen Erneuerung der Gläubigen genutzt werden soll: Der Advent (lateinisch: Ankunft) bereitet auf das Weihnachtsfest vor, die Fastenzeit auf das Osterfest und die Zeit von Christi Himmelfahrt an auf das Pfingstfest.
„Alles hat seine Stunde. Für jedes Geschehen unter dem Himmel gibt es eine bestimmte Zeit: eine Zeit zum Gebären und eine Zeit zum Sterben, eine Zeit zum Pflanzen und eine Zeit zum Abernten der Pflanzen“ (Koh 3,1-2).

Bäume deuten das Kirchenjahr

„Der Mensch ist wie ein Baum, der an Wasserbächen gepflanzt ist, der zu rechten Zeit seine Frucht bringt und dessen Blätter nicht welken. Alles, was er tut, wird ihm gut gelingen.“ (Ps 1,3)

Bäume sprechen ihre eigene Sprache

Jedes Jahr bekommt das Buch der Natur eine neue Auflage. Denn alles, was in der Schöpfung wächst, ist einmalig. Die Natur kennt keine Duplikate oder Kopien. Jedes Blatt am Baum ist ein einmaliges Exemplar. Das Klonen hat der Mensch sich ausgedacht. Weil das Buch der Natur nur Neuauflagen kennt, bleibt es jedes Jahr spannend, es aufzuschlagen und darin zu lesen.

„Bäume sind Heiligtümer", sagt Hermann Hesse. „Wer mit ihnen zu sprechen, wer ihnen zuzuhören weiß, erfährt die Wahrheit. Sie predigen nicht Lehren und Rezepte, sie verkünden das Urgesetz des Lebens."

Baum und Mensch – sie haben ein verwandtes Wesen und ein gemeinsames Schicksal. Bäume zeigen dem Menschen, wer er ist. Auch die Bibel vergleicht die Menschen mit Bäumen (vgl. Ps 1). Sie wachsen wie ein Baum: in die Höhe, in die Tiefe und mit ausgebreiteten Armen.

Der Baum ist ein Lebenssymbol, das uns das Kirchenjahr deuten kann. Die Feste des Kirchenjahres schöpfen in ihrer Zeichensprache aus den Jahreszeiten. Werden und Vergehen, Wachsen und Auferstehen, Loslassen und Sterben sind die Wege des Lebens, die durch die Liturgie anschaulich gemacht werden. Das heilige Spiel der Liturgie deutet verborgene Ängste und legt die Quellen neuer Hoffnung frei.

Es ist erstaunlich, wie die liturgischen Feste sich in den Rhythmus der Jahreszeiten einfügen. Nur im Frühling, wenn die Knospen aufbrechen, können wir das Osterfest feiern. Allerheiligen und Allerseelen haben ihren „Sitz" in der Schöpfung im Herbst, wenn die Blätter fallen. Und an Weihnachten strahlt das Licht von der Krippe auf, wenn mitten im Winter die längste Nacht des Jahres unsere Welt in Dunkelheit hüllt.

Die Weitergabe des Glaubens geschieht nicht nur durch Worte, sondern auch durch Bilder. Jesus beschreibt das Reich Gottes in Gleichnissen. Die Bilder seiner Gleichnisse sind oft aus der Natur genommen. Wie das Symbol des Baumes schwierige Glaubensinhalte verständlich machen kann, ist mir durch eine Legende aus dem Mittelalter klar geworden. Die Legende verbindet das Paradies mit Golgota, den Baum des Lebens mit dem Baum des Kreuzes. Das Erlösungsopfer Christi, das uns von der Schuld Adams befreite, feiern wir auf unseren Altären. Durch eine alte Legende wird mir klar, dass die Eucharistie nicht nur Mahlfeier, sondern auch Opfer ist.

Der Baum aus dem Herzen Adams

Adam war uralt geworden. Im Schweiße seines Angesichtes hatte er die Erde beackert. Wie gerne hätte er nur ein einziges Mal den Ort seines ersten Glückes, das Paradies, wiedergesehen! Jetzt lag er im Sterben. Seth, sein Lieblingssohn, bat ihn: Vater, zeig mir den Weg zum Paradies! Ich hole für dich einen Zweig vom Baum des Lebens; er wird dir Gesundheit bringen, und du wirst weiterleben! So machte sich Seth auf den Weg. Und der Engel am Tor zum Paradies ließ sich erweichen. Seth durfte das Zweiglein vom Lebensbaum brechen. Doch als er zu seinem Vater zurückkehrte, war der schon gestorben. So legte er den Paradieszweig auf Adams Herz. Mit dem Zweig begruben sie ihn.

Aus dem Zweiglein, das Seth vom Paradies geholt hatte, wuchs ein gewaltiger Baum. Tausend Jahre später bewunderte ihn König Salomon. Er befahl, aus seinem Holz eine Hütte zu bauen, in der er über den Sinn des Lebens nachdenken wollte. Doch das Holz des mächtigen Baumes ließ sich nicht zusammenfügen. Voller Zorn warfen sie die Balken in einen See. Es war der Ort, wo später ein Teich immer dann Wellen schlug, wenn Kranke ihn betraten, um von ihren Gebrechen geheilt zu werden. Nur wenige Tage vor der Kreuzigung Christi schwamm das Holz auf dem Wasser des Sees. Die Soldaten, die Christus kreuzigen sollten, holten die Balken aus dem Wasser und zimmerten daraus das Kreuz.

Dreihundert Jahre später fand Kaiserin Helena die drei Golgotakreuze, die lange Zeit verschollen waren. Durch die Berührung mit dem wahren Kreuz des Herrn wurde ein schwerkranker Mann geheilt. Die fromme Kaiserin ließ das Kreuz Christi in viele Teile und Splitter zerlegen, fasste sie in Gold, Silber und Edelsteine und sandte sie dann an alle Hauptkirchen des Erdkreises. In die Altäre der großen Kathedralen legte man die Kreuzpartikelchen und feierte darüber das Kreuzesopfer Jesu Christi.

Alte Legenden schlagen Brücken über Jahrhunderte. Vom Baum des Paradieses kam der Tod, vom Baum des Kreuzes kam das Leben. Heiliges Holz, das uns Erlösung brachte.

Auf unseren Altären feiern wir dieses Geheimnis des Glaubens. Die versammelte Gemeinde bekennt bei jeder Eucharistiefeier: „Deinen Tod, o Herr, verkünden wir, und deine Auferstehung preisen wir, bis du kommst in Herrlichkeit.“

Advent – Der Adventskranz

„Dann sprach Gott: Das Land lasse junges Grün wachsen, alle Arten von Pflanzen, die Samen tragen, und von Bäumen, die auf der Erde Früchte bringen mit ihrem Samen darin. So geschah es. Das Land brachte junges Grün hervor, alle Arten von Pflanzen, die Samen tragen, alle Arten von Bäumen, die Früchte bringen mit ihrem Samen darin. Gott sah, dass es gut war. Es wurde Abend, und es wurde Morgen: dritter Tag." (Gen 1,9-13)

Zeit der Erwartung

Zu den vier Wochen des Advents gehören der Adventskranz und der Adventskalender. Tag für Tag öffnen Kinder eine kleine Tür des Adventskalenders. Woche für Woche stecken wir am Adventskranz eine Kerze an. Kann man sich sehnsuchtsvoller einem Fest nähern? „Mache dich auf und werde Licht, denn dein Licht kommt!" Man kann auch mit Kindern singen: „Advent, Advent, ein Lichtlein brennt. Erst eins, dann zwei, dann drei, dann vier, dann steht das Christkind vor der Tür."

Ursprung der Adventszeit

Advent bedeutet Ankunft. Die Adventszeit ist die festlich begangene Zeit der Vorbereitung und Erwartung der Ankunft Christi. Erstmals im fünften Jahrhundert wurde im Gebiet um Ravenna (Italien) Advent gefeiert. In Rom legte Papst Gregor der Große im sechsten Jahrhundert die Adventsliturgie in ihren Grundzügen fest. Er setzt dabei erstmals die Zahl der Adventssonntage auf vier fest. Die vier Wochen sollen symbolisch auf die 4000 Jahre hinweisen, die die Menschheit nach kirchlicher Rechnung auf die Ankunft des Erlösers warten musste.

Ursprung des Adventskranzes

Diese schöne Sitte ist ein sehr junger vorweihnachtlicher Brauch, der noch zu Beginn des 20. Jahrhunderts in vielen Familien unbekannt war. Der evangelische Theologe Johann Wichern benutzte am ersten Advent des Jahres 1838 kranzförmig aufgestellte, bunte Wachskerzen zur Andacht. Allmählich verbreitete sich die Sitte des Adventskranzes dann von Norddeutschland aus.

Ursprüngliche Symbolik

Für die Adventszeit wird ein Kranz aus Tannenzweigen gebunden, auf dem vier Kerzen angebracht werden. An jedem Adventssonntag zündet man eine Kerze mehr an. Die ursprüngliche Symbolik ist die Zunahme des Lichtes als Ausdruck der steigenden Erwartung auf die Geburt Jesu Christi, der im christlichen Glauben als „Licht der Welt" bezeichnet wird. Schon aus der Antike kennen wir den Kranz als Siegeszeichen. Der Adventskranz soll Symbol für den Kampf des Christen gegen das Dunkle des Lebens sein. Der Kreis symbolisiert auch die mit der Auferstehung gegebene Vollendung des Lebens. Das Licht ist ein Symbol für Hoff-

nung und die Abwehr des Bösen. Verschiedene Deutungen der Kreisform des Kranzes kommen hinzu.
Diejenigen, die ohne christliche Tradition den Adventskranz erklären möchten, deuten ihn als Hinweis auf den Erdkreis und die vier Himmelsrichtungen. Das Grün der Zweige weist hin auf die Kraft des Lebens an sich und die Kerzen deuten auf das kommende Licht, das in der Weihnachtsnacht die Welt erleuchtet. Die priesterlichen Gewänder sind jetzt violett. Den Advent prägt das Violett; am dritten Adventssonntag (Gaudete) kann der Priester auch Rosa als Farbe der Vorfreude tragen.

Das Grün

Die christlichen Symbolfarben im Advent sind also Violett und Grün. Das Grün symbolisiert nicht nur die Hoffnung auf Lebenserhalt im dunklen Winter, sondern auch die Treue. Grün ist die Farbe für Wachstum und Leben. Die Lebenskraft, die in wintergrünen Gewächsen steckt, wird oft auch als Heilkraft gedeutet. „Das Land brachte junges Grün hervor“, heißt es im Schöpfungsbericht. Wenn im Winter alles Leben in Kälte und Frost erstarrt, fällt das Grün mancher Bäume und Sträucher besonders auf.
So glaubte man, Gesundheit ins Haus zu holen, wenn man es mit Grünem schmückte. Fichte, Tanne und Buchsbaum, Ilex, Stechpalme und Wacholder wurden besondere Kräfte zugesprochen. Der grüne Adventskranz oder nur der grüne Tannenzweig, der die Wohnung schmückt, erinnert offensichtlich daran, dass wir auf die Kräfte des Lebens vertrauen dürfen.

Das Licht

Auf die Kontraste kommt es an. Je dunkler die Nacht, umso heller leuchten die Sterne. Wenn im Advent die Nächte immer länger werden, wird das Licht kostbar. Depressionen versucht man mit viel Licht und hellen Räumen zu begegnen. Der Adventskranz ist ein Zeichen gegen die Herrschaft der Nacht. Je mehr Kerzen wir entzünden, desto näher kommen wir der längsten Nacht des Jahres. In ihr wird Christus geboren, das Licht der Welt. In der Mitte der Nacht, heißt es, sei der Anfang des Tages; in der Mitte der Not der Anfang des Lichtes.
Schon in der Zeit der babylonischen Gefangenschaft hat Israel die Kraft der Verheißung und Visionen erfahren. Die Vision ist die einzige wirkliche Gegenkraft gegen die Resignation. Der Prophet verheißt, dass das Volk aus der Dunkelheit ins Licht, aus der Gefangenschaft in die Freiheit geführt wird.

„Auf, werde licht, denn es kommt dein Licht, und die Herrlichkeit des Herrn geht leuchtend auf über dir. Denn siehe, Finsternis bedeckt die Erde und Dunkel die Völker, doch über dir geht leuchtend der Herr auf, seine Herrlichkeit erscheint über dir. Völker wandern zu deinem Licht und Könige zu deinem strahlenden Glanz. Blick auf und schau umher: Sie alle versammeln sich und kommen zu dir“ (Jesaja 60,1-4).

Der Advent ist eine verheißungsfrohe Zeit, voller Zeichen und Bilder, die uns aus der Dunkelheit ins Licht, ins Leben führen wollen. Wir sollten diese Zeit nicht verpassen. Helga Rusche will uns mit ihrem Gedicht ermutigen, den Advent als Chance zu begreifen.

Verlegenheit im Advent

Kommst DU jetzt,
dann bin ich kaum bereit
zum Empfang, Herr!

Alle meine Zeit
ist nach dem Kalender
längst vergeben.

Nur Minuten bleiben
noch daneben.

Nächstes Jahr –
vielleicht –,
ich will's notieren,
wird mich Dein Advent
nicht mehr genieren.

Advent – Neuer Trieb aus alter Wurzel

„Aus dem Baumstumpf Isais wächst ein Reis hervor, ein junger Trieb aus seinen Wurzeln bringt Frucht. Der Geist des Herrn lässt sich nieder auf ihm: der Geist der Weisheit und der Einsicht, der Geist des Rates und der Stärke, der Geist der Erkenntnis und der Gottesfurcht." (Jes 11,1-4)

Die alte Wurzel

Jeder kennt das Bild, das uns die Natur vielfältig vor Augen stellt: Ein alter Baumstumpf, fast schon vermodert, treibt einen frischen, grünen Zweig. Welche Lebenskraft steckt in einer alten Wurzel! Das ist die Botschaft des Baumes über Tod und Auferstehung. Bäume sind im Sterben geübt. Aber so eine alte Wurzel erzählt auch die Geschichte ihres Kampfes, ihres Aufbäumens. Aus scheinbar totem Holz wächst neues Leben. Tod und Auferstehung – das ist der Sieg der uralten Wurzel über den Tod.

Im Buche Hiob ist dies so beschrieben: „Für den Baum besteht noch Hoffnung, ist er gefällt, so treibt er wieder, sein Sprössling bleibt nicht aus. Wenn in der Erde seine Wurzel altert und sein Stumpf im Boden stirbt, vom Dunst des Wassers sprosst er wieder, und wie ein Setzling treibt er Zweige“ (Ijob 14,7-9). Ein verlässliches Bild gegen die Angst.

Die Wurzel Jesse

Dieses Bild der uralten Wurzel, die einen neuen Schössling treibt, hat der Prophet Jesaja beschrieben, als keine Hoffnung für sein Volk Israel mehr bestand. „Aus Isais Stumpf sprosst ein Reis, und ein Schössling bricht hervor aus seinem Wurzelstock“ (Jes 11,1).

Der alte Isai oder Jesse genannt, war der Vater des Königs David. Er ist die Wurzel, aus der das Gottesvolk hervorgeht. Jesus gilt als Spross Isais. In der Kunst wird Jesse manchmal dargestellt, wie aus dem Leib des betagten Mannes eine alte Wurzel herauswächst und zu einem großen Baum wird. In den vielen Ästen sind die Stammväter als Könige dargestellt. In der Krone des Stammbaumes Davids erscheint Maria, die Jesus, den Spross Davids, auf dem Arm trägt. Die Evangelisten nennen Jesus den Sohn Davids. Matthäus und Lukas belegen diese Aussage mit den Stammbäumen am Anfang ihrer Evangelien.

Die Wurzel Jesse trieb einen jungen Reis. Jesus ist dieser junge Schössling, wie es das bekannte Weihnachtslied besingt: „Es ist ein Ros entsprungen aus einer Wurzel zart, wie uns die Alten sungen von Jesse kam die Art ... Das Röslein, das ich meine, davon Jesaja sagt, ist Maria, die Reine, die uns das Blümlein bracht.“

Kann Verdorrtes neue Blüten treiben?

Manchmal lässt Gott uns lange warten. Wenn für den Wurzelstumpf alles zu Ende scheint, wenn überhaupt keine Aussichten und Zukunftsprognosen mehr möglich sind, dann beginnt die Zukunft überraschend neu. Vorher muss viel absterben, damit Neues wachsen kann. Die „ars vivendi“ setzt immer die „ars moriendi“ voraus. „Wenn das Weizenkorn nicht in die Erde fällt und stirbt, bleibt es allein; wenn es aber stirbt, bringt es reiche Frucht“ (Joh 12,24).
Dann schenkt Gott die Zukunft und ein neues Leben für eine hundertfältige Frucht.
Das Bild taugt, es ist ein verlässliches Bild gegen die Angst. Aus uralter Wurzel ein neuer Zweig. Niedergang oder Neuanfang? Resignation oder Hoffnung? Tod oder Auferstehung? Wird verdorrte Hoffnung neue Blüten treiben? Es sind die Wurzeln, die uns am Leben erhalten.
Im Advent möchte ich aus der Kraft der Wurzel leben. Ich möchte glauben und neu entdecken, dass das Abgestorbene, Verdorrte in mir neu wachsen kann. Manchmal müssen wir lange warten. Aber wenn wir erfahren, dass wir aus eigener Kraft nichts mehr vermögen, gerade dann beginnt Neues zu wachsen. Am Ort des Todes beginnt die Auferstehung.

Advent – Der Barbarazweig

„Ganz früh stehn wir auf, gehn zum Weinberg und sehn, ob die Weinstöcke treiben, die Knospen der Reben sich öffnen und auch die Granatbäume blühen. Dort schenke ich dir meine Liebe!" (Hld 7,13)

Nicht nur Worte, auch Bilder sprechen ihre eigene Sprache. Durch die Medien werden heute Angst machende Fotos verbreitet. Deshalb hat ein Wort des mittelalterlichen Mystikers Meister Eckert immer noch Bedeutung. Er sagte: „Treibt die Bilder mit den Bildern aus!"
Wir alle tragen Bilder in uns. Es ist nicht egal, welche Bilder uns prägen und beeinflussen. Der Barbarazweig ist so ein Bild, das Angst vertreibt und Hoffnung in uns stärken kann. Denn das Leben ist stärker als der Tod.

Die Barbaralegende

Am vierten Dezember feiern wir den Gedenktag der heiligen Barbara, einer Märtyrerin, die von ihrem eigenen Vater den Gerichten ausgeliefert wurde. Die heilige Barbara gilt als Patronin der Bergleute. Sie wird oft mit einem Turm dargestellt. Sie lebte zur Zeit der Christenverfolgung am Ende des 3. Jahrhunderts in Nikomedien (Türkei).
Ihr Vater Dioskurus, ein reicher Kaufmann, hätte sie gern mit einem angesehenen Heiden verheiratet. Aber Barbara war durch den Theologen Origenes Christin geworden. Der Vater sperrte sie in einem Turm ein. Schließlich lieferte er seine widerspenstige Tochter dem römischen Statthalter aus. Sie wurde zum Tode verurteilt. Nach der Legende soll der Vater seine Tochter mit dem Schwert enthauptet haben.

Mitten im Winter ein blühender Kirschzweig

Nach einer alten Tradition schneidet man am Barbaratag einen Zweig von einem Obstbaum, meistens von einem Kirschbaum oder einer Forsythie, und stellt ihn ins Wasser. Am Weihnachtstag soll dieser Barbarazweig dann blühen.
In Niederösterreich erhielt früher jedes Familienmitglied einen eigenen Zweig. Der Barbarazweig sollte Glück bringen. Beim Schneiden der Zweige hielt man bestimmte Regeln ein. In Böhmen durfte man nur in der Zeit, in der die Glocke zum Vespergebet läutet, die Zweige vom Baum schneiden. Die blühenden Zweige vom Kirschbaum zeigen ganz anschaulich, dass mitten im Winter ein kahler Ast blühen kann. Denn der Lebenswille ist stärker als der Tod. Der Barbarazweig verdeutlicht den Glanz des aufbrechenden Lebens und die Hoffnung, die durch die Menschwerdung des Gottessohnes allen geschenkt wird. Der verlorenen Menschheit wird der neue Retter, der Heiland der Welt, offenbart.

Verlässliche Zeichen neuen Lebens

Ein blühender Kirschzweig im Winter wird zum Symbol für Kreativität und Leben, für Wachstum, selbst in Situationen, wo scheinbar der Tod triumphiert. Bäume schenken uns heilige Zeichen, die uns sagen, dass das Leben weitergeht. Wenn wir ihre Botschaft richtig entziffern, dann können wir gegen Kleinmut und Verzagtheit unsere Herzen wieder aufrüsten mit Zuversicht und Hoffnung.
Im Jahr 1945 wurden die ersten Atombomben auf Hiroshima und Nagasaki abgeworfen. Am Südrand des Rathauses von Hiroshima standen ein paar schwarz verkohlte Kirschbäume. Es waren hässliche Exemplare, die in ihrem verkohlten und verdorrten Geäst die Erinnerung wach hielten. Eines Morgens, im April 1946, sah der Bürgermeister dieser Stadt, was er nie für möglich gehalten hätte. Er sah, wie aus dem Schwarz der Zweige das helle Weiß von Kirschblüten aufbrach. Hunderte von Menschen pilgerten an den folgenden Tagen zu den Bäumen. Erst jetzt begannen sie wirklich zu glauben, dass ihre Stadt nicht dazu verurteilt war, für ungefähr hundert Jahre eine Atomwüste zu bleiben.
Ein blühender Baum weckt am Ort des Todes neue Hoffnung: ein verlässliches Bild. Das Leben ist stärker als der Tod. Solche Bilder und solche Erfahrungen lassen ein ganzes Volk wieder an die Zukunft glauben. Wir brauchen verlässliche Bilder gegen die Angst und gegen den Tod. Wenn das Dunkel mich überfällt, wenn die Zweifel und die Traurigkeit das Herz zusammenpressen, wenn das Leben mir selbst zum Rätsel wird, dann will ich standhalten und kämpfen, die verlässlichen Bilder gegen die Angst immer wieder anschauen. Am vierten Dezember werde ich mir einen Kirschzweig ins Zimmer stellen. Mal sehen, ob er Weihnachten blüht.

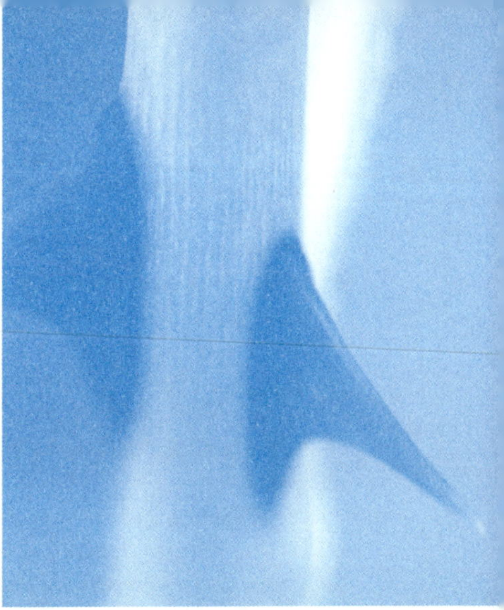

Advent – Maria durch ein Dornwald ging

„Nach einigen Tagen machte sich Maria auf den Weg und eilte in eine Stadt im Bergland von Judäa. Sie ging in das Haus des Zacharias und begrüßte Elisabet. Als Elisabet den Gruß Marias hörte, hüpfte das Kind in ihrem Leib. Da wurde Elisabet vom Heiligen Geist erfüllt und rief mit lauter Stimme: Gesegnet bist du mehr als alle anderen Frauen und gesegnet ist die Frucht deines Leibes.“ (Lk 1,39-42)

Erwartung

In den Advent gehören Maria und Elisabet. Sie erwarten, wie alle Frauen in Israel, den Messias, den Retter der Welt. Sie haben voller Sehnsucht die heiligen Schriften studiert. Wann wird er kommen, der Israel befreien wird? Zwei Frauen sind die Ersten, die um die Erfüllung der alten Verheißung wissen. Vom Heiligen Geist erfüllt, jubeln ihre Herzen.

Ein dorniger Weg

Der Engel war fort, der Maria verkündet hatte, dass sie zur Mutter des Herrn erwählt worden war. Nun saß sie da – mutterseelenallein – mit ihrem Geheimnis. Auf das Wort des Engels hin setzte sie alles aufs Spiel. Denn diese Schwangerschaft konnte sie Kopf und Kragen kosten. Nach jüdischem Recht hätte sie gesteinigt werden können. Zu wem sollte sie gehen, sich aussprechen, ihre Fragen und Nöte besprechen? Wenige Tage später, so steht es im Evangelium, brach sie auf, machte sich auf den Weg, eilte über das Gebirge, nahm alle Gefahren und Mühen auf sich. 110 Kilometer: ein Weg der Erwartung, ihr Advent. Ein Weg wie durch einen Dornwald. Ihre seelischen Nöte waren wie Dornen. Aber ihr Herz wusste um das Geheimnis. Da trugen die Dornen Rosen.

Wer kann das Wunder fassen?

Maria wusste eine gute Adresse. Ihr Ziel war Elisabet, eine Verwandte. Auch diese hatte etwas Wunderbares erfahren. Sie, die Unfruchtbare, war nun in ihrem hohen Alter voller Hoffnung. Sie erwartete ein Kind. Ihrem Mann, dem Zacharias, hatte es die Sprache verschlagen.
Dann begegneten sich die beiden Frauen: Elisabet lief Maria entgegen. Mit lauter Stimme, singend begrüßte sie den Gast, wie es in Israel üblich war: „Gesegnet bist du mehr als alle anderen Frauen und gesegnet ist die Frucht deines Leibes. Wer bin ich, dass die Mutter meines Herrn zu mir kommt?“ Die Ältere neigte sich vor der Jüngeren. Was Generationen erwartet hatten, erfüllte sich in der Begrüßung und Umarmung dieser beiden Frauen.

Weihnachten – Der Christbaum

Es treibt der Wind im Winterwalde
die Flockenherde wie ein Hirt
und manche Tanne ahnt wie balde
sie fromm und lichterheilig wird;
und lauscht hinaus.
Den weißen Wegen
streckt sie die Zweige hin – bereit
und wehrt dem Wind und wächst entgegen
der einen Nacht der Herrlichkeit.

(Rainer Maria Rilke)

Wachsen die Fichten und Tannen der längsten Nacht des Jahres voll Sehnsucht entgegen? Ist es ihre schönste Bestimmung als Lichterbaum, die dunkelste aller Nächte mit ihren Glanz zu erhellen? Der Weihnachtsbaum gehört zum Fest der Geburt. Er trat seinen Siegeszug um die ganze Welt an. Auch in Ländern, wo er nicht wächst, stellt man hässliche Plastikgebilde von ihm auf. Der Kitsch blüht in der Advents- und Weihnachtszeit.

Die schönste Stunde des Jahres

Für mich war es als Kind eine der schönsten Stunden des Jahres, wenn ich mit meinen Geschwistern warten musste, bis die Stubentür aufging. Da stand der Baum im Licht der Kerzen, im Schmuck der glitzernden Kugeln vor uns. Die Geschenke unterm Baum waren wichtig, aber zuerst stand ich staunend vor dem Christbaum.
Finden junge Fichten als Weihnachtsbäume ihre Bestimmung? Der Baum, der wächst, um Früchte zu bringen oder Holz zu schenken, dient hier der Freude der Menschen und der Ehre des Mensch gewordenen Gottessohnes. Kein Baumschützer wird protestieren, denn neue Bäumchen wachsen wieder nach.

Heilige Bäume

In allen Kulturen und Religionen gibt es heilige Bäume. Baumgottheiten wurden lange verehrt. Die Donareiche, die der heilige Bonifatius fällen ließ, um die Machtlosigkeit des Gottes Donar zu beweisen, ist vielen noch aus dem Religionsunterricht bekannt.
Der immergrüne Baum war der Wohnsitz der Götter. Zur Feier der Wintersonnenwende wurden grüne Zweige als Schutz und Zaubermittel an die Türen gehängt. Aus dem Jahr 1535 ist überliefert, dass in Straßburg kleine Eiben, Stechpalmen und Buchsbäumchen verkauft wurden, die noch ohne Kerzen in die Wohnstuben gestellt wurden. Bald schmückte man die Bäumchen mit Äpfeln. Zu Weihnachten dienten sie als Gabenbaum oder Bescherbaum.

Der Weihnachtsbaum

Der Christbaum hat seinen Ursprung im mittelalterlichen Krippenspiel in der Kirche. Vor dem eigentlichen Krippenspiel fand das Paradiesspiel statt, in dem gezeigt wurde, wie durch Adam und Eva die Sünde in die Welt kam, von der wir durch Christi Kreuzestod befreit wurden. Zu

diesem Spiel gehörte ein immergrüner Baum als Paradiesbaum, der mit Äpfeln geschmückt war. Mit den Jahren hängte man an den Paradiesbaum vergoldete Nüsse, Festgebäck und Süßigkeiten.
Eine Überlieferung sagt, dass der erste mit Kerzen geschmückte Tannenbaum 1611 in Schlesien im Schloss der Herzogin Dorothea Sybille von Schlesien aufgestellt wurde.
Mitten im Winter wird eine grüne Tanne, geschmückt mit Kerzen und glitzernden Kugeln, auf diese Weise zum Symbol der Lebenskraft, die Kälte und Tod überwindet. Grün atmet Leben. Grün durchfließt alles. Grün ist Wachstum und Kreativität. Der Winter ist farblos. Der Frühling und das aufbrechende neue Leben sind grün. Im Licht kommen alle Farben zum Leuchten. In der längsten Nacht des Jahres stellen wir einen grünen Tannenbaum in unseren Häusern auf. Die Welt ist nicht verloren und der Dunkelheit preisgegeben. Ein Kind ist uns geboren, der Retter und Heiland der Welt.

Weihnachten – Das harte Holz der Krippe

„Und sie gebar ihren Sohn, den Erstgeborenen. Sie wickelte ihn in Windeln und legte ihn in eine Krippe, weil in der Herberge kein Platz für sie war.“ (Lk 2,7)

Hartes Holz

Das harte Holz einer Futterkrippe in einem Stall bei Betlehem war die erste Berührung des Kindes mit dieser Erde. „Er ist vom Himmel herabgestiegen, um unseres Heiles willen“, heißt es im Glaubensbekenntnis. Das ist der Weg der Inkarnation. In der Menschwerdung wird der Gottessohn klein und ohnmächtig. Er kommt in Armut auf unsere Welt. Ein Stall und eine Futterkrippe bergen das Geheimnis dieser Herablassung Gottes, dessen „Leidenschaft der Mensch ist“ (Augustinus). „Gott hat die Welt so sehr geliebt, dass er seinen einzigen Sohn hingab, damit jeder, der an ihn glaubt, nicht zugrunde geht, sondern das ewige Leben hat“ (Joh 3,16). Krippe und Kreuz sind die Zeichen der leidenschaftlichen Beziehungsgeschichte Gottes mit uns Menschen. Heilsgeschichte ist eine Liebeserklärung Gottes an uns Menschen. In manchen Weihnachtsbildern schaut man die Krippe in Verbindung mit dem Kreuz.

Menschwerdung – Er entäußerte sich

Die Krippe stellt den Weg der Armut und Entäußerung Jesu Christi in den Mittelpunkt jeder Besinnung. Diesen Sehnsuchtsweg Gottes deutet der Hymnus im Philipperbrief (2,5-11): „Christus Jesus war Gott gleich, hielt aber nicht daran fest, wie Gott zu sein, sondern er entäußerte sich und wurde wie ein Sklave und den Menschen gleich. Sein Leben war das eines Menschen; er erniedrigte sich und war gehorsam bis zum Tod, bis zum Tod am Kreuz.“
Das ist das Paradox unseres Glaubens: Gott ist der Demütige und nur so der Allmächtige. Er ist der immer noch Kleinere und nur so der Große. Er ist der Schwache und nur so der Starke. Der herabgekommene Gott, in der Niederkunft bei der Geburt, gebettet in das harte Holz einer Krippe.

Sich bücken zu einem Kind in der Krippe

Gegen die brutalen Machenschaften aller Menschheitsbeglücker, die uns nur in neue Abhängigkeit und Knechtschaft stürzen möchten, setzt Gott die Ohnmacht eines Kindes. Auf das Kind kommt es an. Wer es findet, erkennt: So ist Gott. Er ist wider alle Erwartung. Gott ist alltäglich und geheimnisvoll wie ein Kind. Gott ist so mächtig und ohnmächtig wie ein Kind. Uns, die wir erwachsen sind, erreicht Gott als kleines Kind in einem Stall. Wer nun Gott in seinem Leben erfahren will, muss klein werden und sich niederbeugen, denn man übersieht so schnell ein Kind in der Krippe. Nicht von oben, sondern von unten kommt das Heil.

Der Stall in uns

C. G. Jung wies darauf hin, dass der Mensch immer daran denken solle, dass Christus im Stall geboren wurde. Für den Psychoanalytiker ist das ein Symbol dafür, dass Gott auch in uns geboren werden könne, wenn wir den Mut hätten, den Stall in uns anzuschauen. Er sei Bild für das Unaufgeräumte, das Chaos in uns; für das, was nicht gut rieche, was uns peinlich sei, was wir am liebsten vor uns selbst und vor anderen verbergen würden.

Der Weg zum göttlichen Kind führt über und durch den eigenen Stall unserer Seele. Er führt durch die Schatten, durch all das Verdrängte, das wir vom Leben ausgeschlossen haben. Der Weg zum Kind verlangt das ehrliche Anschauen des Dunkels in uns.

Inkarnation (Menschwerdung) ist der Sehnsuchtsweg Gottes zu uns. Der Ort seiner Epiphanie ist ein Stall, auch der Stall in uns. Gott ist zum Staunen.

Weihnachten – Neujahr: Jahresringe

„Der Geist Gottes, des Herrn, ruht auf mir; denn der Herr hat mich gesalbt. Er hat mich gesandt, damit ich den Armen eine frohe Botschaft bringe und alle heile, deren Herz zerbrochen ist, damit ich den Gefangenen die Entlassung verkünde und den Gefesselten die Befreiung, damit ich ein Gnadenjahr des Herrn ausrufe." (Jes 61,1)

Wachsende Jahresringe

Ein Vers von Rainer Maria Rilke gehört zu den Gedichten, die am häufigsten zitiert werden. Nicht nur zum Geburtstag, am Anfang eines neuen Lebensjahres, auch zu Silvester und Neujahr passt das Bild von den wachsenden Ringen:

Ich lebe mein Leben
in wachsenden Ringen
die sich über die Dinge ziehen
Ich werde den letzten
vielleicht nicht vollbringen
aber versuchen will ich ihn
(Rainer Maria Rilke)

Wie der Baum um eine Mitte Jahr für Jahr einen Ring legt, so sind auch die Lebensringe des Menschen aufgeschriebene Geschichten, kunstvolle Grafiken seiner Biografie. Wenn der Baumstamm gefällt ist, zeigt er seine Schnittfläche. Er wächst von innen her. Um seine Mitte legt er jedes Jahr einen neuen Ring. Wie die Lebensrosette zeigt, hat alles seine Zeit. Und alles hinterlässt seine Spuren. Kräftige Wachstumsringe zeugen von guten, erfolgreichen Jahren. Dünne Ringe beschreiben magere Jahre, vielleicht Dürrezeiten, wo der Regen fehlte.
Jahresringe sind gelebte, erlittene Zeit. Bäume und Menschen sind miteinander verwandt. Ihr Schicksal ist hineingeflochten in das Schicksal der Zeit. Krieg und Frieden, Trockenheit und Gedeihen, Krank- oder Gesundsein hinterlassen ihre Spuren. Am Ende ist jede Lebensgeschichte so einmalig, dass sie sich niemals wiederholt.
Man kann heute an den Jahresringen genau bestimmen, wann ein alter Baum gewachsen ist. Die Wachstumszeit von Holz, das tausend Jahre alt ist, kann man wissenschaftlich bestimmen. Denn die Folge der großen und kleinen Jahresringe ist über Jahrtausende hinweg nie die gleiche.

Einmaliges Kunstwerk

Die Zahl meiner Kalenderjahre ist letztlich nicht so wichtig. Mein Ursprung und mein Ende, die kurze Spanne meines Lebens ist ein Reigen von Jahresringen, die im Rückblick wie ein einmaliges Kunstwerk sind. Mein Wachsen und mein Stillstand, meine Hoffnungen und meine

Niederlagen haben sich zu einem Bild zusammengefügt, das einfach schön ist. Ein Zirkel, der nur gleichmäßige Ringe zeichnen kann, kennt nichts von der Kraft des Lebens.

Seine Lebenseinsicht beschreibt Hermann Hesse so:

„Wenn ein Baum umgesägt worden ist und seine nackte Todeswunde der Sonne zeigt, dann kann man auf der lichten Scheibe seines Stumpfes und Grabmals seine ganze Geschichte lesen: In den Jahresringen und Verwachsungen steht aller Kampf, alles Leid, alle Krankheit, alles Glück und Gedeihen treu geschrieben, schmale Jahre und üppige Jahre, überstandene Angriffe, überdauerte Stürme. Und jeder Bauernjunge weiß, dass das härteste und edelste Holz die engsten Ringe hat."
Möge das neue Jahr meinem Leben und dem Wachstum unseres Volkes im Segen Gottes einen guten Jahresring hinzufügen!

Weihnachten – Der Zimmermann Josef

„Jesus kam in seine Heimatstadt und lehrte die Menschen dort in der Synagoge. Da staunten alle und sagten: Woher hat er diese Weisheit und die Kraft, Wunder zu tun? Ist das nicht der Sohn des Zimmermanns? Heißt nicht seine Mutter Maria und sind nicht Jakobus, Josef, Simon und Judas seine Brüder? Leben nicht alle seine Schwestern unter uns? Woher also hat er das alles? Und sie nahmen Anstoß an ihm und lehnten ihn ab. Da sagte Jesus zu ihnen: Nirgends hat ein Prophet so wenig Ansehen wie in seiner Heimat und in seiner Familie.“ (Mt 13,54-57)

Josef, dessen Fest wir am 17. März feiern, war Arbeiter, genauer gesagt ein Handwerker, ein Zimmermann. Mit diesem Beruf war in alter Zeit verbunden, dass der Zimmermann das Fachwissen und die Fähigkeit hatte, ein Haus zu bauen und für die nötige Innenausstattung zu sorgen.
Im Neuen Testament steht für Zimmermann das griechische Wort „Tekton" (Mt 13,55), das bedeutet soviel wie Bauherr und Architekt. Josef konnte also Holz und Stein bearbeiten und Häuser bauen, weshalb er unter anderem als Patron der Zimmerleute und der Wohnungslosen gilt. Wenn Arbeitervereinigungen und politische Parteien am ersten Mai den „Tag der Arbeit" begehen, feiert die Kirche jedes Jahr seit 1955 den heiligen Josef als Patron der Arbeiter.

Jesus der Zimmermann

Wahrscheinlich hat auch Jesus den Beruf seines Vaters erlernt und wenigstens zehn Jahre als Zimmermann gearbeitet. Nach jüdischer Tradition lernte der älteste Sohn den Beruf seines Vaters. Der Evangelist Markus erwähnt von Jesus: „Ist das nicht der Zimmermann, der Sohn der Maria?" (Mk 6,3). Für mich bedeutet das, dass Jesus kein weltfremder Theoretiker sondern ein Praktiker war, der Schwielen an den Händen hatte und Rückenschmerzen von harter Arbeit kannte.
Weil Josef von Nazaret gerecht war, wie die Schrift sagt, übte er seinen Beruf sicherlich mit ganzer Hingabe und Sorgfalt aus. Josef stand mitten im Leben. Zugleich war er in tiefer Weise mit Gott verbunden, dem er in allem dienen wollte. Gott bestellte den heiligen Josef zum Bräutigam der Jungfrau und Gottesmutter Maria. Er sollte für Maria ein liebevoller Gatte und Begleiter und dem Jesuskind ein väterlich fürsorgender Beschützer sein.

Josef sucht nach Gottes Willen

Josef war Hörer des Wortes. Er achtete auf den Willen Gottes: Er war ganz Ohr. Er lebte aufmerksam. Er beachtete seine Träume und ließ sich leiten von der Botschaft der Engel.
Dreimal erschien ein Engel dem Josef im Traum. Beim ersten Mal (Mt 1,20-25) leistete der Engel Interpretationshilfe. Denn das Kind, das Maria empfangen habe, sei göttlichen Ursprungs.
Josef solle Maria nicht verstoßen. „Mit der Geburt Jesu Christi war es so: Maria, seine Mutter, war mit Josef verlobt, und noch bevor sie

zusammengekommen waren, zeigte sich, dass sie ein Kind erwartete – durch das Wirken des Heiligen Geistes. Josef, ihr Mann, der gerecht war und sie nicht bloßstellen wollte, beschloss, sich in aller Stille von ihr zu trennen. Während er noch darüber nachdachte, erschien ihm ein Engel des Herrn im Traum und sagte: Josef, Sohn Davids, fürchte dich nicht, Maria als deine Frau zu dir zu nehmen; denn das Kind, das sie erwartet, ist vom Heiligen Geist ... Als Josef erwachte, tat er, was der Engel des Herrn ihm befohlen hatte, und nahm seine Frau zu sich"

Beim zweiten Mal (Mt 2,13-15) war Josef vor den Nachstellungen des Herodes gewarnt worden und sofort nach Ägypten geflohen. „Als die Sterndeuter wieder gegangen waren, erschien dem Josef im Traum ein Engel des Herrn und sagte: Steh auf, nimm das Kind und seine Mutter und flieh nach Ägypten; dort bleibe, bis ich dir etwas anderes auftrage; denn Herodes wird das Kind suchen, um es zu töten. Da stand Josef in der Nacht auf und floh mit dem Kind und dessen Mutter nach Ägypten." Als die Gefahr gebannt war, erschien wieder ein Engel dem Josef im Traum (vgl. Mt 2,13).

Josef beachtete seine Träume und hörte auf die Botschaft der Engel, die nur in ihrer Funktion als Boten Gottes bedeutsam sind. Josef erforschte ganz offen und achtsam den Willen Gottes. Und wenn er ihn erkannt hatte, handelte er sofort danach.

Aus dieser Grundhaltung lebte auch Jesus. Er hatte mit Josef jahrelang zusammengelebt und gearbeitet, über den Glauben gesprochen und mit ihm gebetet. Der Wille Gottes stand für beide im Mittelpunkt. „Jesus sprach zu ihnen: Meine Speise ist es, den Willen dessen zu tun, der mich gesandt hat, und sein Werk zu Ende zu führen" (Joh 4,34).

Fastnacht – Die fünfte Jahreszeit

„Mit wem soll ich diese Generation vergleichen? Sie gleicht Kindern, die auf dem Marktplatz sitzen und anderen Kindern zurufen: Wir haben für euch auf der Flöte Hochzeitslieder gespielt, und ihr habt nicht getanzt; wir haben Klagelieder gesungen, und ihr habt euch nicht an die Brust geschlagen."

(Mt 11,16-17)

Karneval – Zeit des Lachens?

„Der Mensch ist für die Freude geboren!", sagte Blaise Pascal, der große Mathematiker und gläubige Christ. Im französischen Urtext steht „plaisir". Zwar übersetzen das viele mit „Vergnügen", aber niemand behauptet ernsthaft, der Mensch sei für den Fasching oder Karneval geschaffen. Er ist aber auch nicht für den Aschermittwoch geboren, sondern eben für die Freude.
Mit wem sollen wir die Menschen vergleichen? Auf dem Marktplatz des Lebens haben wir keine Zeit für Lieder zum Tanzen und auch nicht zum Klagen. Die Gleichgültigkeit ist der Tod aller Gefühle. Es gibt in unserer Welt doch nicht viel zu lachen. Zwar kann man verzweifelt in Gelächter ausbrechen oder andere zynisch auslachen. Wie aber sollen wir uns von Herzen freuen, wenn wir so oft die Schattenseiten des Lebens erfahren? Viele gehen auf Distanz und halten sich raus. Der nüchterne Zeitgenosse kann sich Gefühle nicht leisten. In einer Gesellschaft, in der Leistung und Erfolg gelten, hemmen Gefühle den Fortschritt.

In einem Kinderlied charakterisiert Günter Grass unsere Zeit:

„Wer lacht hier, hat gelacht?
Hier hat sich`s ausgelacht.
Wer hier lacht, macht Verdacht,
dass er aus Gründen lacht.

Wer weint hier, hat geweint?
Hier wird nicht mehr geweint.
Wer hier weint, der auch meint,
dass er aus Gründen weint."

Bei uns hat sich`s ausgelacht. Auch Trauer und Tränen sind heute Luxus. Sie könnten uns hemmen, im Berufsleben tadellos zu funktionieren. Wir sind wie Zuschauer, die nur auf Abstand die Ereignisse betrachten. Das Herz bleibt kalt und unberührt von Emotionen.

Feste feiern

Es ist gut, wenn Freude und Feier, Lachen und Scherzen Raum in unserem Leben behalten. Es ist gut, dass unser Leben nicht nur Arbeit, sondern auch Feste kennt. Jeder Sonntag, den wir feiern, unterbricht

die Mühsal der Woche. Die Kirchen haben eine reiche Tradition, um den Glauben zu feiern. Den Glauben darf man nicht nur lehren, den Glauben muss man feiern. Wo man zu feiern versteht, entwickelt sich das Leben zuversichtlicher und intensiver.
Das Fest ist ein Vorspiel des Zukünftigen. Es ist Vorwegnahme, was anders sein könnte. Das Fest trägt in sich das Siegel der Hoffnung. Es kann eine Alternative zur Wirklichkeit sein. Was noch nicht ist, hat im Fest gewissermaßen sein Vorspiel.
Das Fest ist nichts für Privilegierte. Die Satten kaufen ihr Vergnügen ein und bezahlen die Spaßmacher. Die schönsten Feste habe ich bei einfachen Leuten erlebt. Mit viel Fantasie und Kreativität wird zum Beispiel in Gruppen und Gemeinden zu Fastnacht gefeiert. Karneval lebt von den Ideen und der Begeisterung der kleinen Leute.
Die Armen können noch feiern. Das Fest ist für sie, die Mühseligen und Beladenen, Mittel zur Befreiung. Der Arbeiter, der abends am Stammtisch das Gehabe des Chefs imitiert, der ihn tagsüber drangsaliert, befreit sich spielend vom Druck und seiner Angst. Er erkennt, dass die Herrschaften auch nur aufgemachte Zwerge sind.

Feiern und fasten

Der Karneval hat seine Rechtfertigung nicht aus sich selbst, sondern aus der Fastenzeit. Bevor die 40 Tage des Fastens am Aschermittwoch beginnen, will man ausgelassen und närrisch feiern. Der Kontrast ist bedeutsam: himmelhoch jauchzend und zu Tode betrübt. Am Rosenmontag ganz ausgelassen sein und am Aschermittwoch das Aschekreuz empfangen. Mit Freude und Humor bereitet man sich auf die Tage der Buße vor. Wenn die 40 Tage überstanden sind, feiern wir das höchste der Feste: Ostern. Ähnliches kennen die Moslems. Am Ende des Ramadan feiern sie ihre Feste. Die Vigil, der letzte Tag vor dem Fest, wurde früher als Fasttag begangen. Ohne diese Kontraste verkommen die Feste zur trostlosen Langweile.
Zuerst feiern, dann fasten. Eigentlich müsste man die Reihenfolge umdrehen. Aber Narren dürfen alles verdrehen. Ein vierzigtägiges Fasten ist seit dem vierten Jahrhundert in der Kirche bezeugt. Die Tage zwischen Aschermittwoch und Ostern gelten als Fasttage.
Die Sonntage sind vom Fasten ausgenommen, weil sie immer an die Auferstehung Christi erinnern. Jeder Sonntag ist ein kleines Osterfest. Aus diesem Grund hat man im Mittelalter vier Tage für die vier Fastensonntage hinzugefügt. Deshalb beginnt die Fastenzeit am Ascher-

mittwoch, dem 44. Tag vor Ostern. In Basel hat man die alte Zählung beibehalten und feiert den Morgenstreich genau 40 Tage vor Ostern. Aus diesem Grund feiert man in Basel den Rosenmontag an einem späteren Termin.

Alles hat seine Zeit

Die Zahl Vierzig besitzt in der jüdisch-christlichen Tradition einen hohen Symbolwert. Die Sintflut dauerte vierzig Tage und Nächte. Nur Noach überlebte mit den Lebewesen in der Arche. Vierzig Tage war der Prophet Elija zum Berg Horeb unterwegs. Als er erschöpft und lebensmüde unter einem Ginsterstrauch lag, richtete der Engel Gottes ihn auf und reichte ihm einen Krug Wasser und ein Stück Brot. Vierzig Tage verbrachte Mose auf dem Berg Sinai, um das Gesetz in Empfang zu nehmen. Vierzig Jahre dauerte die Wüstenwanderung des Volkes Israel, nachdem Gott sie aus der Sklaverei und der Hand des Pharaos befreit hatte. In der Wüste murrten die Israeliten alsdann gegen Mose und gegen Gott und sehnten sich zurück nach den Fleischtöpfen Ägyptens. Doch der Herr führte sie mit starker Hand in das Gelobte Land.
Bevor Jesus seinen Weg in die Öffentlichkeit begann, fastete er vierzig Tage in der Wüste. Der Evangelist Matthäus berichtet: „Als er vierzig Tage und vierzig Nächte gefastet hatte, bekam er Hunger. Da trat der Versucher an ihn heran ..." (Mt 4,2f). Ohne Versuchung geht kein Weg durch die Fastenzeit. Jeder wird auf die Probe gestellt. Jesus antwortete dem Teufel, dem Diabolos (wörtlich „Durcheinanderwerfer"): „Der Mensch lebt nicht vom Brot allein, sondern von jedem Wort, das aus dem Munde Gottes kommt" (Mt 4,4).
Lachen und Weinen, Tanzen und Klagen, Feiern und Fasten sind miteinander verwandt. Fastnacht und Fastenzeit geben sich die Hände. Wenn der Rosenmontag verklungen ist und die Jecken am Aschermittwoch das Aschenkreuz empfangen, spürt man da nicht deutlich, wie unser Glaube zwischen Himmel und Erde Brücken baut?

Fastenzeit – Brachzeit

„Denn so spricht der Herr, der Heilige Israels: Nur in Umkehr und Ruhe liegt eure Rettung, nur Stille und Vertrauen verleihen euch Kraft.“ (Jes 30,15)

Brachzeit

Im Herbst nehmen wir Abschied. Die Blätter, die dann von den Bäumen fallen, lehren uns die Kunst loszulassen. Der Winter bringt die Botschaft, dass wir Ruhepausen brauchen. Auf diese Weise halten wir inne in der Hektik unserer Tage, sammeln wir Kräfte in die Speicher unserer Lebensquellen.
Der Winter ist die große Atempause im Rhythmus des Jahres. Die Natur ruht sich aus. Der Winter ist die Zeit der Brache. Nach dem deutschen Wörterbuch ist die Brache ungepflügtes, unbebautes Land. Die Brache ist auch die Zeit, während der ein Acker unbebaut bleibt, damit sich der Boden erholen kann. Die Dreifelderwirtschaft war eine kluge Art und Weise, den Boden nicht ganz auszulaugen. Was heute mit Kunstdünger dem Ackerland zugemutet wird, ist eher Ausbeutung.

Den Lebensrhythmus neu entdecken

Von den Bäumen können wir lernen, dem eigenen Leben einen Rhythmus zu geben. Wenn im Herbst die Blätter fallen, ist das neue Blatt in der Knospe schon ausgebildet. Drei bis vier Monate kann der Baum warten, bis die Sonne im Frühjahr wärmer wird und den schützenden Panzer der Knospe öffnet. Diese Wartezeit gönnt sich die Schöpfung. Wer nur auf Hochtouren läuft, ist bald erschöpft und verbraucht. Das Leben hat immer ein Maß und braucht eine Ordnung. Ein alltäglicher Rhythmus ist uns vorgegeben. Aber alles Übermaß ist vom Bösen. Alle Einseitigkeit macht uns krank. Alle Extreme machen uns depressiv.
Die Tugend liegt im Maß, das Laster im Extrem. Es ist die Kunst des Lebens, die richtige Dosierung zu finden. Ein schädliches Gift kann zur Medizin werden, wenn es im richtigen Maß verabreicht wird.

Vom Winter lernen

Wer im Rhythmus der Jahreszeiten lebt, gewinnt die Einsicht, dass er Atempausen braucht. Brachzeiten sind notwendig. In der Fastenzeit achte ich auf den Umgang mit meiner eigenen Zeit. In diesen 40 Tagen möchte ich mir auch Zeit nehmen für Atempausen und für Besinnung. Die Hast und Hetze sind Ursache vieler Krankheitsgeschichten. Das Gedicht von Eveline Hasler „Brachzeit" lädt uns ein, dass wir uns ohne Angst der Stille anvertrauen.

Vom Winter lernen
der Stille zu vertrauen
der Sprengkraft des Unsichtbaren
und dem Sammeln in den Kammern
während der
Brachzeit

Vom Winter
wieder lernen
sich überschneien zu lassen
ohne Furcht

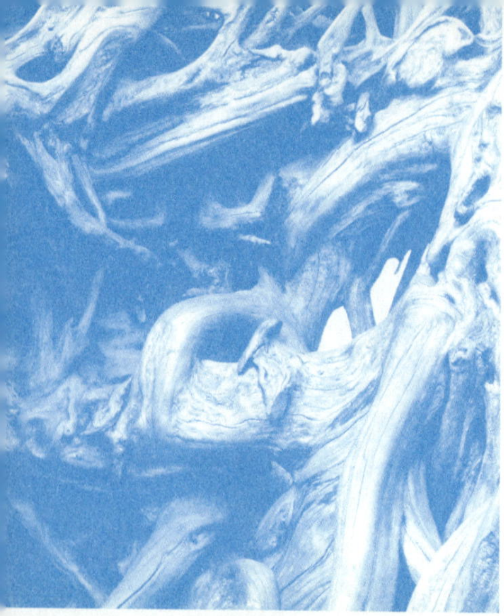

Fastenzeit – Zeit zur Wurzelpflege

„Wenn aber einige Zweige herausgebrochen wurden und wenn du als Zweig vom wilden Ölbaum in den edlen Ölbaum eingepfropft wurdest und damit Anteil erhieltest an der Kraft seiner Wurzel, so erhebe dich nicht über die anderen Zweige. Wenn du es aber tust, sollst du wissen: Nicht du trägst die Wurzel, sondern die Wurzel trägt dich." (Röm 11,17-18)

Wachsen in die Tiefe

Die 40 Tage der Fastenzeit laden uns ein, nach den Quellen zu suchen, aus denen wir wirklich leben. Auf die Wurzeln kommt es dabei an. Nur wer seine Wurzeln tief ins Erdreich senkt, wird in Dürrezeiten überleben. Nur der Baum, der starke Wurzeln hat, kann den Stürmen widerstehen. Auf die Wurzeln kommt es an.
Wir haben die Chance, so zu wachsen wie ein Baum: in die Höhe, in die Tiefe und mit ausgebreiteten Armen. Ein Baum hat genauso viel Wurzelwerk unter der Erde, wie er Zweige sichtbar ausstreckt. Manche Bäume sollen ihre Wurzeln sechs bis sieben Meter tief in die Erde graben, um die unterirdischen Wasseradern zu erreichen. Der Baum, der nur flache Wurzeln hat, wird den Klimawandel nicht überleben. Nicht in den Zweigen, in den Wurzeln steckt die Kraft des Baumes.

Heimatlos – entwurzelt

Tief im Menschen sitzt der Wunsch nach Wurzeln. Irgendwo muss der Mensch einen Halt finden. Glaube ist die Beheimatung der Heimatlosen, die Verwurzelung des Entfremdeten. Das hebräische Wort für Glauben heißt „Nehemin". Unser Wort „Amen" klingt darin nach. Wenn man das wörtlich übersetzt, bedeutet es: sich festmachen in Gott, festen Halt finden in seinen Verheißungen.
Simone Weil erkannte, dass die Verwurzelung das wichtigste und meistverkannte Bedürfnis der menschlichen Seele sei; die Entwurzelung hingegen die bei weitem gefährlichste Krankheit der menschlichen Gesellschaft.
In einem Gespräch sagte mir ein Mann, der schon zweimal geschieden war und innerlich unbehaust und heimatlos wirkte: „Sie haben gut reden! Sie haben wenigstens ihren Glauben!" Er meinte so etwas wie ein Fundament unter den Füßen, das Standfestigkeit gibt. Es gibt immer mehr Menschen, die heute dankbar sind, wenn sie glauben können.

Suche nach den Wurzeln

Religion hat mit den Wurzeln des Menschen zu tun. Religion ist die Rückbindung an das Wahre und Gute, letztlich an Gott. Wo alle Werte auf den Prüfstand geraten und die Orientierungslosigkeit groß ist, steigt das Interesse an bewährten Traditionen. Man fragt nach den Fundamenten, die nicht der Mode und dem Trend unterworfen sind.

Die Fastenzeit ist eine Zeit der „Wurzelarbeit". Ich möchte näher hinschauen, woraus ich wirklich lebe. Ich möchte Quellen wieder freilegen, die in der Eile des Alltags verschüttet wurden. Ich möchte im ständigen Wandel der Meinungen und Weltanschauungen meinen Standort fester im christlichen Glauben verwurzeln. Ich möchte meiner Sehnsucht nach Heimat Ausdruck verleihen in lebendigem Gebet.

Sich in Gott verwurzeln

Der Prophet Jesaia sagte im Exil – in der Verbannung – zu seinem Volk: „Wenn ihr nicht in Gott verwurzelt seid, werdet ihr keinen Halt finden" (Jes 7,9). Und Paulus schreibt an seine Gemeinde: „Seid fest gegründet und verwurzelt in Jesus Christus, steht fest im Glauben und seid dankbar" (Kol 2,6-7).
Welches Fundament trägt uns? Wo sollen wir uns heute festmachen? In Zeiten der Trockenheit und Dürre muss ein Baum seine Wurzeln tief in die Erde senken, bis zu den unterirdischen Wasseradern. Wachsen in die Tiefe, Wurzelarbeit gewissermaßen steht heute an. Die Fastenzeit ist solch eine Einladung, die Wurzeln unseres Lebens tiefer zu graben. Denn „nicht du trägst die Wurzel, die Wurzel trägt dich", sagt der Apostel Paulus (Röm 11,18).

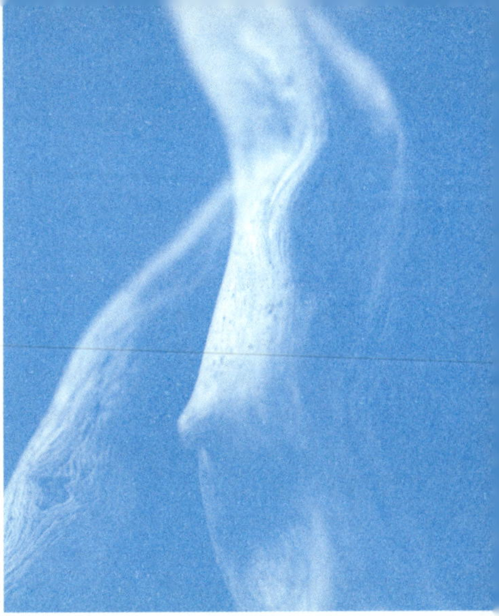

Fastenzeit – Versöhnung suchen und finden

„Und er erzählte ihnen dieses Gleichnis: Ein Mann hatte in seinem Weinberg einen Feigenbaum; und als er kam und nachsah, ob er Früchte trug, fand er keine. Da sagte er zu seinem Weingärtner: Jetzt komme ich schon drei Jahre und sehe nach, ob dieser Feigenbaum Früchte trägt und finde nichts. Hau ihn um! Was soll er weiter dem Boden seine Kraft nehmen? Der Weingärtner erwiderte: Herr, lass ihn dieses Jahr noch stehen; ich will den Boden um ihn herum aufgraben und düngen. Vielleicht trägt er doch noch Früchte; wenn nicht, dann lass ihn umhauen.“ (Lk 13,6-9)

Gerichtswort oder Trostwort?

Die Fastenzeit ist eine Zeit der Umkehr und Wandlung. Das Wort des Propheten Joel, das in der österlichen Bußzeit im Gottesdienst öfter vorgetragen wird, verbindet mit der Umkehrforderung die Zusage: „Euer Gott ist gnädig und barmherzig, langmütig und reich an Güte" (Joel 2,13). Nicht der strenge Richter, sondern der gütige Vater schaut uns an. Von einem Freund, der es gut mit uns meint, nehmen wir gern eine Ermahnung an. Bei der Kritik durch einen Gegner verteidigen wir uns. Dass Gott es gut mit uns meint, zieht sich wie ein Refrain durch die biblischen Bücher. Die Grundmelodie heißt: Gott ist gnädig und barmherzig.

Nachfolgendes Gleichnis ist mir besonders wichtig geworden. Früher hielt ich das Gleichnis für ein Gerichtswort. Heute ist es für mich ein Trostwort. Nicht der Baum steht im Mittelpunkt, sondern der Gärtner, der sich um den Feigenbaum sorgt.

Seit drei Jahren steht ein Feigenbaum mitten im Weinberg und bringt keine Frucht. Der Gärtner, der für ihn und den Weinberg verantwortlich ist, wird nachdenklich, denn er kennt seinen Herrn. Er ahnt, was kommen wird. Und es kommt auch so.

Nach drei Jahren steht der Herr des Weinberges wieder vor dem Baum und der Gärtner neben ihm. „Hau ihn endlich um", sagt der Herr, „er bringt nichts. Er nimmt den anderen den Platz weg und laugt den Boden aus. Er ist ein Schmarotzer." Aber der Gärtner des Weinbergs schüttelt den Kopf: „Nein, Herr! Können wir nicht noch ein Jahr damit warten, ein Jahr noch? Ich verspreche es. Ich werde mich um ihn kümmern. Ich grabe noch einmal drum herum und packe noch Mist drauf. Vielleicht schafft er es das nächste Mal" (vgl. Lk 13,6-9).

Verliebt in einen unfruchtbaren Baum

Ich würde sagen, er ist verliebt in diesen Baum, der nichts taugt. Und deshalb kämpft er um ihn, hofft, dass es noch etwas wird mit den Früchten. Er rackert sich ab und feilscht und bettelt, damit der Baum seinen Platz behält. Er tut alles, weil ihm der Baum ans Herz gewachsen ist. Das nenne ich Leidenschaft. Ich finde es ganz wichtig, einen Freund zu haben, der nicht nur nach Erfolgen wertet, sondern zu mir steht, auch wenn ich mit leeren Händen dastehe.

Ich finde ihn sympathisch, diesen Arbeiter. Ich halte ihn für ein Selbstporträt dessen, der diese Geschichte vom Baum und dem Gärtner als

Erster erzählt hat, ein Selbstporträt von Jesus. Denn Jesus tritt bei Gott für uns ein. Er ist unser Verbündeter, der uns nicht aufgibt, auch wenn wir nicht erfolgreich sind und keine Früchte vorweisen können.

Freund der Schwachen

Wie der Gärtner sollen auch wir füreinander eintreten. Der Weinberg Gottes braucht solche Arbeiter, die sich schützend zwischen Gott und den Menschen stellen, die für jeden noch eine Chance suchen und immer noch einen Ausweg erbitten, die protestieren, wenn jemand zu schnell aufgeben will.
In bestimmten Situationen brauchen wir alle einen Freund und Verbündeten, der für uns eintritt. Wie sollten wir leben, wenn keiner mehr einen Finger für uns krümmt?

Er sorgt für dich

Es ist gewiss nicht einfach, diese Worte in einer Welt zu hören, die voller Stimmen ist, die schreien: „Du taugst zu nichts, du bist hässlich, du bist unnütz – oder beweise gefälligst das Gegenteil!" Diese negativen Stimmen sind so laut und durchdringend, dass wir ihnen nur allzu schnell Gehör schenken.
Wenn ich aber mit innerer Aufmerksamkeit höre, vernehme ich in meiner innersten Mitte Worte, die mich ermutigen. Auch Worte der Bibel dürfen wir als direkte Anrede an uns verstehen. Ich zitiere einige Verse: „Ich habe dich in den Tiefen der Erde geformt und dich im Schoß deiner Mutter gewoben. Ich habe dich in meine Hand geschrieben, habe dich im Schatten meiner Flügel geborgen. Ich blicke auf dich mit unendlicher Zärtlichkeit und sorge mich um dich mit einer Sorge, die noch viel tiefer geht als die Sorge einer Mutter um ihr Kind. Ich habe jedes Haar deines Hauptes gezählt und jeden deiner Schritte geleitet. Wo immer du hingehst, gehe ich mit dir, und wo immer du ruhst, wache ich über dich. Ich will mein Angesicht nicht vor dir verbergen. Wo immer du sein wirst, will auch ich sein. Ich habe den Engeln befohlen, dich zu behüten auf all deinen Wegen."

Palmsonntag – Ein grüner Palmzweig

„Sie brachten den jungen Esel zu Jesus, legten ihre Kleider auf das Tier und er setzte sich darauf. Und viele breiteten ihre Kleider auf der Straße aus; andere rissen auf den Feldern Zweige ab und streuten sie auf den Weg. Die Leute, die vor ihm hergingen und die ihm folgten, riefen: Hosanna! Gesegnet sei er, der kommt im Namen des Herrn!" (Mk 11,1-11)

Palmwedel und Palmstöcke

„Andere rissen auf den Feldern Zweige ab und streuten sie auf den Weg." Dieser Satz im Markusevangelium begründet vermutlich den schönen Brauch, am Palmsonntag mit Palmstöcken in die Kirche einzuziehen. Es sind oft kleine Kunstwerke, die Kinder mit Stolz in ihren Händen tragen. Jede Gegend hat ihren eigenen Schmuck. Manche stecken einen schönen Apfel auf den Ast, andere verzieren ihn mit bunten Schleifen. Wichtig sind die grünen Zweige. In unseren Breitengraden sind dies meistens Zweige vom Buchsbaum. Seine Blätter fallen im Winter nicht ab und bleiben auch in der Kälte grün. Sie erinnern an die Lebenskraft, die den Tod überwindet.
Dem geweihten Zweig gibt man in der eigenen Wohnung einen Ehrenplatz oder steckt ihn hinter das Kreuz. Manche Gemeinden sammeln die Zweige vor dem Aschermittwoch des nächsten Jahres, verbrennen sie und ihre Asche wird zum Zeichen der Umkehr am Beginn der neuen Fastenzeit. Mit der geweihten Asche zeichnet der Priester am Aschermittwoch ein Kreuz auf die Stirn.

Kraftquellen

Grün tut den Augen gut. Sie saugen das Grün auf wie Wasser, sie trinken es wie Leben. Bei der heiligen Hildegard von Bingen zieht sich ein Thema durch alle Schriften und Briefe: „viriditas", das ist die Kraft, die im Grün wohnt. Hildegard sieht das göttliche Herz grün. Aus dem Herzen des Schöpfers strömt die viriditas und erfüllt alles, was lebt, mit Frische und Lebendigkeit. Der Mensch kann sich verschließen, aber ohne Grünkraft verdorrt sein Leben.
„Was der Saft im Baum ist", sagt Hildegard, „das ist die Seele im Körper, und ihre Kräfte entfaltet sie wie der Baum seine Gestalt." Den Baum in uns müssen wir neu entdecken, um dem Wachstum tief innen neue Quellen zu erschließen! Der Baum in uns ist ein Zufluchtsort.

Ölbaumzweig

Der grüne Zweig erinnert uns auch an den Olivenzweig, den die Taube nach der Sintflut zurückbrachte, als Noach sie zum dritten Mal ausschickte. Die Taube mit dem grünen Zweig wird zum Friedenszeichen. Nie mehr soll eine Sintflut das Leben auf Erden vernichten. Gott hat seinen Bogen in die Wolken gestellt. Der Regenbogen ist seitdem das Zeichen der Friedensbewegungen.

Noachs Taube kehrte mit dem frischen Ölbaumzweig zur Arche zurück. Die Sintflut war gewichen. Die Erde taucht gereinigt aus dem Wasser auf. Das erste Gewächs ist der Ölbaum, des Menschen Freund und Friedensstifter. Wer Ölbäume pflanzt, dem muss der Friede am Herzen liegen. Er pflegt und pflanzt buchstäblich die Zeichen des Friedens. Im Altertum galt das Fällen eines Ölbaums als todeswürdiges Verbrechen. Einem Ölbaum das Leben zu rauben, war ein Angriff auf den Lebensnerv des ganzen Volkes.
In Italien und Spanien weiht man am Palmsonntag Zweige der Olivenbäume. „Hosianna, dem Sohne Davids!“ (Mt 21,9). Auch die Bäume stimmen ein mit dem Grün der Blätter, mit der Blütenpracht des Frühlings, den Früchten des Sommers und den Farben des Herbstes.
Die Zweige des Olivenbaums erinnern auch an Getsemani: Im Ölberggarten begann für Jesus die Passion.

Karwoche – Der Dornengekrönte

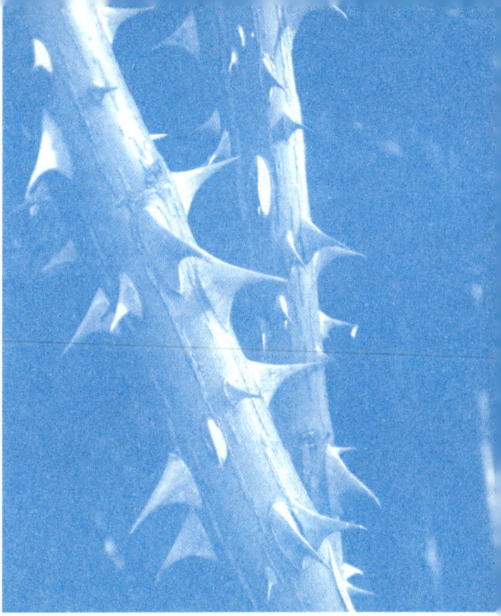

„Dann flochten sie einen Kranz aus Dornen; den setzten sie ihm auf und gaben ihm einen Stock in die rechte Hand. Sie fielen vor ihm auf die Knie und verhöhnten ihn, indem sie riefen: Heil dir, König der Juden! Und sie spuckten ihn an, nahmen ihm den Stock wieder weg und schlugen ihm damit auf den Kopf. Nachdem sie so ihren Spott mit ihm getrieben hatten, nahmen sie ihm den Mantel ab und zogen ihm seine eigenen Kleider wieder an. Dann führten sie Jesus hinaus, um ihn zu kreuzigen." (Mt 27,29-31)

Sainte Chapelle

Die Dornenkrone Christi wurde als besondere Reliquie hoch verehrt. Sie hat im 13. Jahrhundert einen kostbaren Schrein erhalten. König Ludwig errichtete in Paris die Sainte Chapelle, in der die Dornenkrone seit der Fertigstellung des Baus im Jahre 1248 ruhte. Die Dornenkrone wurde der Legende nach von Kaiserin Helena zusammen mit dem Kreuz Christi in Jerusalem aufgefunden und nach Konstantinopel gebracht. Im 13. Jahrhundert gelangte sie als Pfand des lateinischen Kaisers Balduin II. (1237–1261) nach Venedig und wurde dort von Ludwig im Jahre 1239 ausgelöst. Die Königswürde des Königs von Frankreich wurde durch die Dornenkrone Christi geadelt.

Der Spottkönig

Die Passionsgeschichten der Evangelisten berichten übereinstimmend, dass Jesus von römischen Soldaten eine Krone aus Dornen aufgesetzt wurde. Ein Schilfrohr als Zepter und ein roter Mantel um die Schultern machten ihn zum Spottkönig. Die Soldaten beugten ihre Knie und verspotteten den König der Juden. In Israel zeigt man den Pilgern verschiedene Sträucher und Bäume, von denen die Soldaten die Zweige geschnitten haben könnten, um die Dornenkrone Christi daraus zu binden.
In der Karwoche schauen wir das Bild des gekreuzigten und dornengekrönten Christus. Gibt es einen Schmerz, der schlimmer ist als seiner? Er stellt sich zu den geknechteten und geschundenen Kreaturen. Der Gekreuzigte trägt alle Krankheiten und Schmerzen auf seinen Schultern. Er versteht, was Menschen in die Verzweiflung treibt. Er begreift sogar, wenn einer fragt: Wie kann Gott das zulassen? Denn er hat selbst am Kreuz geschrien: „Mein Gott, mein Gott, warum hast du mich verlassen?“ Der Dornengekrönte stellt sich neben die Leidenden. Er ist der König der Dornen, der Bruder in den Dornen.

Der Dornengekrönte

Der Sohn Gottes steht als der mit Dornen Gekrönte in der Mitte seiner Schergen. Der Evangelist Matthäus schreibt: „Sie flochten einen Kranz aus Dornen, den setzten sie ihm auf ... Sie verhöhnten ihn, indem sie riefen: Heil dir, König der Juden!“ (Mt 27,29).

Der König mit der Dornenkrone ist in Wahrheit unser Bruder in den Dornen, der unsere Not teilen will. Nun können wir erfahren: Selbst dort, wo die Dornen und Stacheln, wo die Bedrängnisse des Lebens sind, da ist Gott.

Ich bin da!

Gott will uns nahe sein. Er nennt sich selbst aus dem Feuer des brennenden Dornbusches: Ich bin der ICH BIN DA! Er stellt sich zu uns, wo immer wir sind. Er bleibt bei uns, auch wenn wir uns verstrickt haben.

Wenn einer in den Dornen festsitzt und ein Mensch sagt: „Ich bleibe bei dir, ich lasse dich nicht im Stich, ich bin für dich da, auch in deiner Not und Bedrängnis“, dann handelt er wie Gott.

Gründonnerstag – Ölbäume im Sterben geübt

„Dann verließ Jesus die Stadt und ging, wie er es gewohnt war, zum Ölberg; seine Jünger folgten ihm. Als er dort war, sagte er zu ihnen: Betet darum, dass ihr nicht in Versuchung geratet! Dann entfernte er sich von ihnen ungefähr einen Steinwurf weit, kniete nieder und betete: Vater, wenn du willst, nimm diesen Kelch von mir! Aber nicht mein, sondern dein Wille soll geschehen. Da erschien ihm ein Engel vom Himmel und gab ihm neue Kraft.“ (Lk 22,39f.)

„Wachet und betet!"

Nach dem Paschamahl geht Jesus mit seinen Jüngern zum Ölberg. Im Ölberghain ringt er mit dem Willen Gottes und schwitzt Blut. Zwischen den Ölbäumen ereignet sich der Verrat des Judas und die Gefangennahme Jesu. Die Liturgie lädt die Gläubigen nach der Abendmahls-feier zur Nachtwache ein: „Wachet und betet!"
Man kann nur mit Ehrfurcht durch einen Ölbaumhain gehen. Man sagt, es gebe Ölbäume, die schon zur Zeitenwende vor 2000 Jahren auf Erden standen und die noch heute Früchte zur Reife bringen. Der Ölbaum nimmt sich Zeit. Und er hat sie ja auch. Seine Lebenserwartung geht in die Jahrhunderte. Er macht gern ein paar Windungen und Knoten, wo andere kerzengerade aufschießen.

Der Ölbaum – im Sterben geübt

Ein Wunder an Kreativität und Entfaltung. Man spürt förmlich die Lust dieses Baumes, sich in verschiedenste Gestalten zu verwandeln. Die Fülle seiner Fantasie formt aus seinem Stamm verrenkte, verrückteste Skulpturen. Kulissenzauber und Maskenspiel auf der großen Bühne der Natur. Welche Gebärde! Klaffende Wunden im verdorrten Leib. Wurzeln, die sich hinaufgeschoben haben ans Licht. Der Ölbaum ist im Sterben geübt.

Auferstehung – der Triumph des Ölbaums

Aus Altem und Gebrechlichem wächst unversehrt ein Sprössling. Das uralte Holz hat immer noch die Kraft, junges Grün hervorzubringen. Vielleicht ist gerade der Tod – das Erlittene und Durchstandene – wie sein Testament. Das Leben ist stärker als der Tod. Jeder ältere Baum lebt ganz selbstverständlich mit dem Tod, denn ein Teil seines Holzes ist bereits abgestorben. Sterben und Streben stehen im Einklang. Der alte Wurzelstock schlägt wieder aus. Auferstehung ist der Triumph des Ölbaums.

Gründonnerstag (von greinen: weinen)

Am Fuße des Ölbergs befindet sich der Ölbaumhain Getsemani, der Name einer alten Ölpresse. An Gründonnerstag, an dem der Passionsweg am Ölberg im Garten Getsemani beginnt, finden die Klagen Jesu in den zerfurchten Gesichtern der Menschen Anteilnahme.

Im Schweiße seines Angesichtes betete der Sohn: „Vater, wenn du willst, nimm diesen Kelch von mir!"
Am Ölberg versammelte sich Jesus immer wieder mit seinen Jüngern. Hierhin zog er sich zurück zum Gebet. Hier küsste ihn der Verräter. In diesem Garten kniete Jesus allein nieder und betete in großer innerer Not, während seine Jünger schliefen. Umgeben von Ölbäumen, deren Wurzelstöcke noch heute Früchte tragen, fiel er zu Boden, und wie Blutstropfen stand Schweiß auf seiner Stirn. Unter den Bäumen mit ihren gedrehten, zerklüfteten Stämmen, die wie Mahnmale des Schmerzes anmuten, und in der Nähe der Kelter, unter deren Schraubdruck die Ölbaumfrüchte zermalmt werden, kämpfte Jesus gegen den Ansturm übermächtiger Verzweiflung. Ein Engel erschien vom Himmel und stärkte ihn. Unter den Zweigen des Ölbaums, dem Zeichen des Friedens, gewann er sein Gleichgewicht wieder: „Nicht mein, sondern dein Wille soll geschehen!" (Lk 22,42).

Karfreitag – Kreuzerhöhung

„Wie Mose die Schlange in der Wüste erhöht hat, so muss der Menschensohn erhöht werden, damit jeder, der an ihn glaubt, in ihm das ewige Leben hat. Denn Gott hat die Welt so sehr geliebt, dass er seinen einzigen Sohn hingab, damit jeder, der an ihn glaubt, nicht zugrunde geht, sondern das ewige Leben hat. Denn Gott hat seinen Sohn nicht in die Welt gesandt, damit er die Welt richtet, sondern damit die Welt durch ihn gerettet wird.“ (Joh 3, 13-17)

Kreuzverehrung

Das Kreuz ist das Schandholz, an dem Jesus gekreuzigt wurde. Er musste die zwei Holzbalken selber zum Hinrichtungsort schleppen. Das Kreuz wird zum Zeichen der Erlösung, das man ehrt und besingt. Am Karfreitag stimmt die Kirche diesen wunderbaren Hymnus an:

Heilig Kreuz, du Baum der Treue,
edler Baum, dem keiner gleich,
keiner so an Laub und Blüte,
keiner so an Früchten reich:
heiliges Holz, so heilige Nägel,
welche heilige Last an euch.

Beuge, hoher Baum, die Zweige,
werde weich an Stamm und Ast,
denn dein hartes Holz muss tragen
eine königliche Last,
gib den Gliedern deines Schöpfers
an dem Stamme linde Rast.

Du allein warst wert, zu tragen
aller Sünden Lösegeld,
du, die Planke, die uns rettet
aus dem Schiffbruch dieser Welt.
Du, gesalbt vom Blut des Lammes,
Pfosten, der den Tod abhält.

Zur Karfreitagsliturgie gehört die Kreuzverehrung. Die ganze Gemeinde kommt nach vorne und beugt das Knie vor dem Kreuz. Es ist ergreifend, wie Menschen in den südlichen Ländern sich vor dem Kreuz niederwerfen und es küssen.

Der Baum des Lebens

Im Christentum wird das Galgenholz zum Lebensbaum. Im Jahre 230 nach Christus sagte Bischof Hippolyt von Rom in einer Osterpredigt: „Dieser himmelweite Baum ist von der Erde empor zum Himmel gewachsen. Er ist der feste Stützpunkt des Alls, der Ruhepunkt aller Dinge, die Grundlage des Weltenrundes, der kosmische Schwerpunkt. Er fasst in sich zur Einheit zusammen die ganze menschliche Natur.

Er rührt an die höchsten Spitzen des Himmels und festigt mit seinen Füßen die Erde, und alles dazwischen umfasst er mit seinen unermesslichen Armen."
Der Himmel wird geerdet und die Erde emporgehoben. Durch den Kreuzesbaum verbindet sich der Himmel mit der Erde. Das Heil der Welt ist auf das Kreuz gegründet. Die Legende sagt, dass Adam, der erste Mensch, auf Golgota begraben wurde. Aus seinem Grab, aus dem Herzen Adams, wuchs ein Baum, aus dem die römischen Soldaten das Kreuz Christi zimmerten. Adam nimmt im Ungehorsam die Frucht vom Baum des Paradieses. Der zweite Adam, Christus, erlöst uns durch seinen Tod am Holz des Kreuzes.

Kreuzerhöhung

Als im vierten Jahrhundert durch Kaiserin Helena die Kreuzesbalken in einer Abfallgrube neben Golgota gefunden wurden, verbreitete sich die Kreuzesverehrung. Kaiserin Helena soll Kreuzpartikel an alle großen Kathedralen geschickt haben. Das heilige Holz wurde in die Altäre der Hauptkirchen der Welt gelegt.
Das Fest Kreuzerhöhung feiert man in der Liturgie seit dem vierten Jahrhundert. In der Präfation dieses Festes heißt es: „In Wahrheit ist es würdig und recht, dir, allmächtiger, ewiger Gott, immer und überall zu danken. Denn du hast das Heil der Welt auf das Holz des Kreuzes gegründet. Vom Baum des Paradieses kam der Tod, vom Baum des Kreuzes erstand das Leben. Der Feind, der am Holz gesiegt hat, wurde auch am Holze besiegt durch unseren Herrn Jesus Christus."

Ostern – Gläubige Narrheit

„Am ersten Tag der Woche gingen die Frauen mit den wohlriechenden Salben, die sie zubereitet hatten, in aller Frühe zum Grab. Da sahen sie, dass der Stein vom Grab weggewälzt war; sie gingen hinein, aber den Leichnam Jesu, des Herrn, fanden sie nicht. Während sie ratlos dastanden, traten zwei Männer in leuchtenden Gewändern zu ihnen. Die Frauen erschraken und blickten zu Boden. Die Männer aber sagten zu ihnen: Was sucht ihr den Lebenden bei den Toten? Er ist nicht hier, sondern er ist auferstanden. Erinnert euch an das, was er euch gesagt hat.“ (Lk 24,1-6)

Leben ist stärker als der Tod

Ostern passt in den Frühling. Welche Jahreszeit könnte besser zeigen, was Auferstehung des Lebens bedeutet? Die Erstarrung und Kälte des Winters ist überwunden. Die Natur erwacht zu neuem Leben. Die Knospen öffnen sich und Blüten entfalten Farbe und Duft. Aus den Ästen der Bäume bricht das Grün hervor. Die Schöpfung bricht auf ins neue Leben.
Auch das Grab Christi wird aufgebrochen. Am Ort des Todes ergeht die Kunde vom Leben. Tod, wo ist dein Stachel? Tod, wo ist dein Sieg? Auferstehung ist die tiefste Entfaltung der ganzen Schöpfung. Leben ist stärker als der Tod. Was man nicht fassen und begreifen kann, ist geschehen: Jesus ist aus dem Grab erstanden. Er ist von Gott auferweckt worden.
Ernst Ginsberg entdeckt in der Natur unglaubliche Vorgänge. Er spricht in seinem Gedicht von der gläubigen Narrheit.

Augenschein

Zur Nacht hat ein Sturm alle Bäume entlaubt,
sieh sie an, die knöchernen Besen.
Ein Narr, wer bei diesem Anblick glaubt,
es wäre *je* Sommer gewesen.

Und ein größerer Narr, wer träumt und sinnt,
es könnte je wieder Sommer *werden.*
Und grad diese gläubige Narrheit, Kind,
ist die sicherste Wahrheit auf Erden.

Wer im Herbst einen kahlen Ast näher betrachtet, entdeckt, dass unter dem Blatt, das zur Erde gefallen ist, schon eine neue Knospe entstanden ist. Wenn man nur die nackten Zweige sieht, die in den Himmel ragen, dann braucht es die gläubige Narrheit eines Kindes, um an einen neuen Frühling zu glauben. Doch die Blüte und das neue Blatt sind schon gebildet und können im schützenden Mantel der Knospe warten und den kalten Winter überstehen, bis die Frühlingssonne das junge Grün hervorlockt.
Bäume sind Lehrmeister. Wenn wir ihre Botschaft richtig entziffern, dann können wir gegen Kleinmut und Verzagtheit die gläubige Narrheit eines Kindes setzen, denn sie ist die sicherste Wahrheit auf Erden. Warum fällt uns oft der Glaube an Ostern so schwer? Die ganze Schöpfung hält viele Beispiele bereit, die uns zeigen: Leben ist stärker als der Tod.

Ostern – Die Kräfte einer verklärten Erde

„Da sagte er zu ihnen: Begreift ihr denn nicht? Wie schwer fällt es euch, alles zu glauben, was die Propheten gesagt haben. Musste nicht der Messias all das erleiden, um so in seine Herrlichkeit zu gelangen? Und er legte ihnen dar, ausgehend von Mose und allen Propheten, was in der gesamten Schrift über ihn geschrieben steht.“ (Lk 24, 25-27)

Überraschungen

Ein englischer Historiker hat in einem weltgeschichtlichen Abriss einmal nachgerechnet, wie oft die Geschichte anders weitergegangen ist, als es sich die Mächtigen und Herrschenden ausgedacht hatten. Die Geschichte wird nicht nur von Macht und Revolutionen bestimmt. Es gibt Ereignisse, die alles auf den Kopf stellen.
In ihrer Regierungserklärung sprach Bundeskanzlerin Merkel von Überraschungen in ihrem Leben. Den Fall der Mauer, den Zusammenbruch des kommunistischen Imperiums konnte doch keiner vorhersehen.
Sich als Realpolitikerin, die planen und vorausdenken muss, die Tür für Überraschungen offenzuhalten, finde ich in heutiger Zeit mutig. Ein Wort von Robert Kennedy, das dieser besonders geliebt hat, möchte ich zitieren: „Manche Leute sehen Dinge, die es gibt, und fragen: Warum? Ich träume Dinge, die es noch nicht gibt, und frage: Warum nicht?"
Ostern ist so ein unvorhergesehenes Ereignis der Geschichte – die große Überraschung für Freund und Feind. Jesus von Nazaret hatten sie ans Holz gehängt und getötet. Pilatus konnte die Akte über Jesus von Nazaret schließen, ein kleiner Zwischenfall in einer Provinz des großen römischen Reiches. Die Pharisäer und Schriftgelehrten hatten ihr Ziel erreicht. Der religiöse Querkopf, der lästige Mann, war endlich beseitigt. Und die Freunde Jesu? Sie gingen zu ihren Netzen und Fischerbooten zurück. Der Traum war vorbei; ihre Hoffnungen zerstört. Die Emmausjünger kehren der Stadt Jerusalem den Rücken, schleichen sich davon und lamentieren noch ein wenig: „Wir hatten gehofft, dass er der Messias ist und Israel befreien wird" (vgl. Lk 24,21). Doch das Kreuz kam in die Quere, die gewöhnliche Exekution zwischen gewöhnlichen Verbrechern. Alle ihre Erwartungen waren zerstört worden.

Gegen den Tod ist kein Kraut gewachsen

Was war geblieben? Ein paar Frauen, die Jesus bei den Toten suchten. Sie gingen zum Grab wie unsereins zum Friedhof geht. Sie brachten Salben und Balsam mit, wie wir einen Kranz oder ein paar Schnittblumen mitnehmen. Ein Gang zum Friedhof ist alles andere als ein Osterspaziergang. Für die Frauen war nicht Ostern, sondern Karfreitag. Sie trugen ihre letzten Hoffnungen zu Grabe. Der Herr war tot, die Geschichte mit ihm jetzt aus. Was blieb ihnen noch in ihrer Ratlosigkeit? Eine Erinnerung und der hilflose Versuch, mit Salben und duftenden Kräutern die Verwesung zu bannen.

Aber gegen den Tod ist kein Kraut gewachsen. Wer wälzt uns den Stein von der Tür des Grabes?, fragten sie. Hart wie der Felsblock war die Grenze, die das Leben vom Tode trennt. Eine undurchdringliche Wand, und wir stehen mit unserem technischen Fortschritt ebenso ohnmächtig und hilflos vor dieser Mauer. Wer wälzt uns den Stein vom Grabe weg? Das Leben endet im Grab. Auch für Maria von Magdala war kein Ostern. Ihre Augen waren von Tränen ganz blind. Sie kannte am leeren Grab nur das Problem: Man hat den Leichnam des Herrn gestohlen. Wohin hat man ihn gelegt? Weiter reichte auch ihr Glaube nicht.

Der Grund unserer Hoffnung

Am Nullpunkt menschlicher Existenz, wo wir mit unseren Fähigkeiten buchstäblich am Ende sind, da beginnt Gott. Der Stein war weggewälzt. „Ihr sucht Jesus von Nazaret, den Gekreuzigten, er ist auferweckt" (Mk 16,6). Am Ort des Todes erging die Kunde vom neuen Leben. Jesus ist auferweckt. Gott hat ihn auferweckt. Er und kein anderer. Das ist das Fundament der Osterbotschaft.

Manche reden heute so, als hätten die Jünger Jesus am Leben erhalten. Sie seien zusammengekommen, hätten sich seiner erinnert und gesagt: „Es muss doch mit ihm weitergehen." Aber das reicht nicht, dass die Ideen Jesu weiterleben, dass die Sache Jesu weitergeht, wie auch die Sache Goethes und Schillers weitergeht. Auch die Interpretationen von manchen Exegeten können die Auferstehung nicht plausibel machen. Angewiesen auf den Glauben der Jünger, wäre Jesus im Grabe geblieben. Jesus lebt nicht von seiner Jünger Gnaden, er lebt aus der Kraft Gottes, der Tote zum Leben erweckt.

Das ist der Grund unserer Hoffnung. Jesus ist auferweckt – können wir das heute begreifen? Damals flohen die Frauen vom Grab. Angst und Entsetzen hatte sie gepackt. Das ist alles andere als eine vorübergehende Hochstimmung. Wo Gott am Werke ist, da verschlägt es dem Menschen die Sprache. Es gibt kein Ostern ohne das Erschrecken darüber, dass Gott die Skala menschlicher Erwartung immer wieder gänzlich auf den Kopf stellt. Er durchbricht unser Sandkastenspiel und ist wunderbar am Werke.

Ostern ist nicht nur eine Episode ohne Bedeutung für uns. Es geht da nicht um das private Schicksal eines Jesus von Nazaret. Es geht nicht darum, dass das Erdenleben dieses Jesus von Nazaret um einige Wochen verlängert wird, bis er sich in den Himmel zurückzieht. Es geht um das Ereignis, das die neue Schöpfung ankündigt. Es geht um den

Wendepunkt, dass der Tod besiegt ist. Es geht um unseren Tod und die Hoffnung, dass die Herrlichkeit des Himmels auch uns verheißen ist. Christus ist auferstanden – leicht ist das gesagt. Es geht um die Übersetzung dieses Wortes in unser Leben.

Wer wird den Stein vom Grab wegwälzen?

Auferstehung ist nicht nur ein Traum, sondern das neue Leben hat schon begonnen. Mitten im Vergehen begann die Verwandlung. Christi Auferstehung ist das Signal, dass die Kräfte des Todes besiegt und die Vergänglichkeit überwunden ist. In der Mitte der Welt sind die Kräfte der verklärten Erde sichtbar geworden. Die österliche Wirklichkeit ist wie die vierte Dimension, nicht fassbar und dennoch wirksam und alles verwandelnd. Die neue Welt hat ihren ersten Tag.

Was bedeutet Ostern für mich?

Das Experiment der Hoffnung, die auf Gott setzt, ist gelungen. Gott hat den Gekreuzigten errettet. Ist das nicht unglaublich? Der Besiegte ist Sieger. Das klingt wie: Der Verlierer ist Gewinner. Das Wunder ist: Er lebt! Der Gekreuzigte lebt. Der Verstummte redet. Der Geschundene erscheint. Der Tod hat seine Macht verloren. Und das bedeutet: Wir alle werden auferstehen. Ist das nur ein naiver Satz? Vielleicht ist es der einzig wichtige Satz für dich und für mich.

Ich darf das Leben nicht in Gräbern suchen. Ich darf mich nicht an die Vergangenheit klammern, Reste einbalsamieren. Gott kommt uns immer wieder von vorn entgegen. Seinen Jüngern ging er nach Galiläa voraus. Wir müssen nur den Mut haben, ihm entgegenzugehen. Wir stehen nicht bei der Nachhut der Menschheit mit ihren vergeblichen Rückzugsgefechten. Wir schütteln den Schlaf ab, der uns lähmt, und beginnen ganz neu im Vertrauen darauf, dass Gott unsere Zukunft überraschend wenden kann.

„Wer wird den Stein vom Grab wegwälzen?" Ich meine den Stein von meinem Grab. Ich habe so manches begraben. Meine zerbrochenen Träume und Enttäuschungen. Der Stein wird zu Ostern weggewälzt. Wir können ohne Angst hinabsteigen in unser eigenes Grab und die verdrängten Lebensimpulse ans Licht holen. Ostern ist für mich wie eine Geburt ins neue Leben.

Ich hänge mit allen Fasern meines Herzens am Leben. Mein Glaube aber gewinnt sogar meinem Sterben einen Sinn ab. Wenn das Leben einen Sinn hat, muss auch das Sterben einen Sinn haben. Denn das Leben wird uns nicht genommen, sondern verwandelt. Wir haben keine Beweise herzuzeigen, sondern nur unseren Glauben an den, der von den Toten auferstanden ist. Ich setze darauf, dass meine Wünsche ein Ziel und meine Träume eine Heimat finden. Wenn mein Herz aufhört zu schlagen, soll Gott leuchten. Mein Sterben soll zur letzten Hingabe an Christus werden, an den, der lebt. Dann ist der Tod die Geburt neuen Lebens. Mitten in der Nacht ein neuer Tag, mitten im Klagelied ein Halleluja. So sind die Argumente des Lebens gegen den Tod.

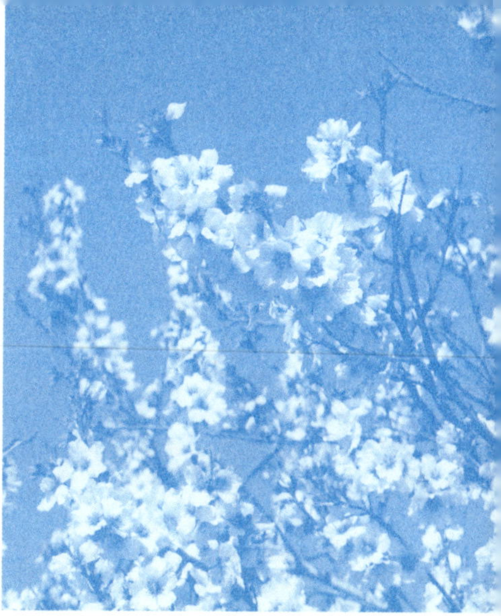

Ostern – Der Mandelbaum blüht

„Die Steppe soll sich freuen, das dürre Land glücklich sein, die Wüste jubeln und blühen! Mit Blumen soll sie sich bedecken, jauchzen und vor Freude schreien! Herrlich wie der Libanon soll sie werden, prächtig wie der Berg Karmel und wie die Ebene Scharon. Dann sieht das Volk die Herrlichkeit des Herrn, die Pracht und Hoheit unseres Gottes. Macht die erschlafften Hände wieder stark, die zitternden Knie wieder fest! Ruft den verzagten Herzen zu: „Fasst wieder Mut! Habt keine Angst! Dort kommt euer Gott!" (Jes 35,1-4)

Manchmal genügt ein einziger Blütenzweig, um gegen Krieg und Vernichtung, gegen den Tod und die Hoffnungslosigkeiten neue Hoffnung zu wecken. Mitten im Krieg 1941 in Israel schrieb Ben Chorin sein Gedicht vom Mandelzweig:

Freunde, dass der Mandelzweig
wieder blüht und treibt,
ist das nicht ein Fingerzeig,
dass die Liebe bleibt.

Dass das Leben nicht verging,
so viel Blut auch schreit,
achtet dieses nicht gering
in der trübsten Zeit.

Freunde, dass der Mandelzweig
sich in Blüten wiegt,
bleibe uns ein Fingerzeig,
wie das Leben siegt.

Die Lebensbotschaft Gottes in allem zu suchen, zu finden, zu feiern – das umschreibt Ostern. Manchmal muss ich tief hinabsteigen in mein eigenes Grab. Die Ohnmacht umklammert meine Seele wie der Würgegriff der Nacht. Wer wälzt den Stein weg von meinem Grab?
Wenn ein Engel den Stein wegrollt von der Grabkammer meiner Seele, fällt Licht in meine Dunkelheit. Stufen erkenne ich, sie führen nach oben. Wenn ich meinen Fuß auf die Treppe setze, sind es manchmal ganz einfache Worte und Bilder, die mich nach oben ziehen. „Freunde, der Mandelzweig blüht", ist eine Stufe. „Wer Ostern kennt, kann nicht verzweifeln", ist eine Stufe. Dieses Wort von Dietrich Bonhoeffer, das er in der Todeszelle der Gestapo schrieb, ist wie eine Stufe ins Licht. Das Wort von Martin Luther ist es auch: „Wenn morgen die Welt unterginge, würde ich heute noch ein Apfelbäumchen pflanzen."
In jedem von uns liegt ein Hoffnungspotential. „Nur wer Mut hat zu träumen, hat auch Kraft zu kämpfen", sagte Martin Luther King, der Streiter um Freiheit und Gleichheit. Seine Rede „I have a dream" lernen Schulkinder heute auswendig. „Ich habe einen Traum, dass die Söhne der Herren und Knechte an einem Tisch sitzen …" Seinen Traum von der Überwindung der Rassentrennung bezahlte er mit dem Leben. Aber sein Traum wurde Wirklichkeit.

Ein verlässliches Bild gegen alle Ängste ist die blühende Wüste. Das trockene, dürre Land birgt die Verheißung, dass es blühen wird. Ein paar Tropfen Regen, und die Wüste wird zum Garten. Ein Wunder, an das zu glauben einem immer schwerfällt und das sich in jedem Jahr wieder vollzieht. In der babylonischen Gefangenschaft wirkte das Bild von der blühenden Wüste auf die Israeliten wie die Verheißung der Auferstehung des Volkes. Der Prophet Jesaja ermutigt sie: „Stärkt die schlaffen Hände, festigt die schlotternden Knie!“ Anschaulicher kann man es den Verzagten nicht zusprechen. „Seid stark, fürchtet euch nicht!“ (Jes 35,4).

Manchmal genügt ein blühender Mandelzweig und ich entdecke den Himmel in mir. Manchmal genügen ein paar Takte Musik und ich spüre, mein Klagelied wird von einem Halleluja überstimmt. Manchmal höre ich ein Schriftwort und in mir beginnt das Wunder der Verwandlung.

Frühling – Er öffnet die Knospen so leicht

„Und was ist Paulus? … Ihr seid durch sie zum Glauben gekommen. Sie sind also Diener, jeder, wie der Herr es ihm gegeben hat: Ich habe gepflanzt, Apollos hat begossen, Gott aber ließ wachsen. So ist weder der etwas, der pflanzt, noch der, der begießt, sondern nur Gott, der wachsen lässt. Wer pflanzt und wer begießt: Beide arbeiten am gleichen Werk, jeder aber erhält seinen besonderen Lohn, je nach der Mühe, die er aufgewendet hat. Denn wir sind Gottes Mitarbeiter; ihr seid Gottes Ackerfeld.“ (1Kor 3,8-9)

Alles, was erschaffen wurde, ist einmalig. Die ganze Schöpfung kennt keine Kopien, sondern nur Originale. Das Klonen hat der Mensch erfunden. Die Natur kennt kein Klonen. Jedes Blatt am Baum ist unter Milliarden Blättern einmalig. Wenn ich darüber einen Augenblick nachdenke, begreife ich, dass ich der Schöpfung nur mit Ehrfurcht begegnen darf. Schöpfung ist mehr als die Natur, die zum Objekt unserer Ausbeutung wird.
Ehrfurcht ist der wesentliche Therapiegedanke für die Regulierung der heutigen Welt, die aus allen Fugen geraten ist. Denn die Ehrfurcht lehrt uns eine korrekte, ja liebevolle Verhaltensweise im Umgang mit den Dingen dieser Welt und auch in der Begegnung mit dem Menschen, der die Krone der Schöpfung ist. Ehrfurcht wird zum Schlüsselwort für die kommende Generation. Wer ehrfürchtig an irgendein Ding dieser Welt herantritt, der wird es nicht brutal vergewaltigen.
Der gewalttätige Mensch kann nur alles verderben. Eine Geschichte erzählt, dass einem Bauern auf dem Kornfeld die jungen Sprösslinge zu langsam wuchsen. So zupfte er an den Halmen. Am nächsten Tag waren alle verdorrt.
Wachsen ist ein wunderbarer Vorgang in der Natur. Wachsen ist in allem. Auch in mir. Und man sagt: Man muss es wachsen lassen. Das gebietet die Ehrfurcht vor dem Schöpfer aller Dinge, der alles so wunderbar erschaffen hat (Psalm 8).

Rabindranath Tagore achtet und ehrt in seinem Gedicht, das ich so liebe, das Wirken des Schöpfers:

„Nein, du bist es nicht, der die Knospen zu Blüten öffnet.
Schüttle die Knospen, stoße sie;
es übersteigt deine Macht, sie blühen zu lassen.
Deine Berührung befleckt sie, du zerpflückst ihre Blütenblätter
und streust die Stücke in den Staub.
Aber Farbe erscheint nicht und nicht der Duft.
Oh! Nicht du vermagst die Knospe zur Blüte zu öffnen.

Er, der die Knospe zu öffnen versteht, tut es so einfach.
Er schaut sie an, und der Lebenssaft strömt durch ihre Adern.
Auf seinen Atem hin entfalten die Blumen ihre
Schwingen und flattern im Wind.
Farbe sprüht heraus wie Herzenssehnsüchte,
der Duft verrät ein süßes Geheimnis.
Er, der die Knospen zu öffnen versteht, tut es so einfach.“

Mai – Marienmonat

„Meine Seele preist die Größe des Herrn, und mein Geist jubelt über Gott, meinen Retter. Denn auf die Niedrigkeit seiner Magd hat er geschaut. Siehe, von nun an preisen mich selig alle Geschlechter. Denn der Mächtige hat Großes an mir getan und sein Name ist heilig.“ (Lk 1,46-49)

Marienmonat

Maria, Maienkönigin, dich will der Mai begrüßen ...
Maria, dir empfehlen wir, was grünt und blüht auf Erden.
Lass uns in dieser Pracht und Zier das Werk des Schöpfers ehren.

Als Kind hatte ich mein „Maialtärchen". Das Bild der Madonna schmückte ich mit Birkengrün und bunten Blumen aus unserem Garten. Auch Hermann Hesse, der Mühe hat zu glauben, erinnert sich an selige Kindertage:

Schilt nicht! Ich kann nicht beten,
ich will nur im Vorübergehn
an Deine Stufen treten
und Deine Augen sehn.

Es ist ein reines Glänzen
um Deine Stirn, das mich beglückt;
ich habe sie ja mit Kränzen
als Kind so oft geschmückt.

Marienlob

Diese gemalte, geschnitzte, in Stein geschlagene, gesungene und geschriebene Begeisterung währt nun schon viele Jahrhunderte. Ihr Magnifikat, ihr Lob durch alle Völker und Generationen wird kein Schreibverbot und kein Zynismus verstummen lassen.
In der Person Marias haben Maler und Dichter den Widerschein der Gnade nachzuformen versucht. Die Bilder Mariens sind wie Ausrufezeichen der Freude, wie Urkunden der Zärtlichkeit Gottes mit den Menschen, wie Gemälde der grenzenlosen Zuneigung Gottes zu seinen Geschöpfen.

„Ich sehe dich in tausend Bildern"

Immer wieder habe ich neue Marienbilder entdeckt. Der Künstler Bernhard Kleinhans nimmt in einer Bronzeplastik ein beliebtes Thema der Ikonen auf: Maria, der brennende Dornbusch. Im frühen Mittelalter hat die orthodoxe Kirche die jungfräuliche Gottesmutter gern mit dem brennenden Dornbusch verglichen, der brannte und doch nicht verbrannte. In seiner Bronzeplastik schaut Kleinhans zwei Orte der

Offenbarung Gottes zusammen: den Dornbusch und die Inkarnation. So zeigt sich Gott: im brennenden Dornstrauch und auf dem Schoß Mariens, die uns den Heiland der Welt geboren hat. Maria zeigt uns ihren Sohn auf dem Velum, das Tuch, mit dem man die Monstranz trägt. Der Dornstrauch und der Schoß der Gottesmutter sind die Orte seiner Epiphanie.

Pfingsten – Nur Brennende können leuchten

„Als der Pfingsttag gekommen war, befanden sich alle am gleichen Ort. Da kam plötzlich vom Himmel her ein Brausen, wie wenn ein heftiger Sturm daherfährt, und erfüllte das ganze Haus, in dem sie waren. Und es erschienen ihnen Zungen wie von Feuer, die sich verteilten; auf jeden von ihnen ließ sich eine nieder. Alle wurden mit dem Heiligen Geist erfüllt." (Apg 2,1-4)

Brennpunkt Jerusalem

Viel ist heute von Brennpunkten die Rede: Orte, an denen sich etwas bündelt und konzentriert. Man spricht von sozialen Brennpunkten, von wirtschaftlichen Brennpunkten, von Brennpunkten der Armut, von Brennpunkten der Macht.
Zu Pfingsten war Jerusalem ein Brennpunkt besonderer Art und im wahrsten Sinn des Wortes. Im Pfingstbericht der Apostelgeschichte wird von Feuerzungen berichtet, die auf die Jünger herabkamen. Der Heilige Geist erfüllte die Jünger Jesu mit Feuer. Von da an brannten sie. Ihr Herz brannte. Sie hatten Feuer gefangen. Die Angst war verschwunden. Sie kamen aus ihrem Versteck. Sie stellten sich mitten auf den Marktplatz. Eine besondere Leidenschaft hatte sich in ihnen entzündet: die Leidenschaft, Zeugnis zu geben.
Feuerzungen kamen auf jeden herab (Apg 2,3). Ein Feuer, das die Schlacken verbrennt, die unser Leben verseuchen und unsere Lebensenergien blockieren. Gold wird durch das Feuer geläutert. Feuer reinigt und legt den Kern frei.

Nur Brennende können leuchten

Feuer ist immer ein Bild der Liebe, die uns durchglüht. Lieben heißt: Feuer und Flamme sein für eine Sache, für einen Menschen, für Gott. Und wer Gott nahekommt, wird entzündet von Leidenschaft und Liebe. Der schüttelt seine Angst ab und wird zum Zeugen für Gott. Die Emmausjünger haben das erfahren. Sie konnten nach der Begegnung mit dem Auferstandenen nur bekennen: „Brannte uns nicht das Herz in der Brust?“ (Lk 24.32). Allein wichtig ist, ob unsere Herzen brennen. Jesus löscht die Feuer nicht. Jesus lässt uns nicht als Waisen zurück. Der Tröster und Beistand, den er uns sendet, wird uns an alles erinnern und die Asche von der Glut entfernen. Denn nur Brennende können leuchten.

Gott zeigt sich im Feuer

Wo Gott sich offenbart, da brennt das Feuer. Am Anfang zeigt sich Gott im brennenden Dornbusch. Aus dem Feuer, das brannte und nicht verbrannte, offenbart er seinen Namen für alle Generationen: „Ich bin der Ich-bin-da“ (Ex 3,14). Jahwe ist ein Gott, der Anteil nimmt, der sich einlässt auf unsere Geschichte.

Heilsgeschichte ist die Beziehungsgeschichte Gottes mit uns Menschen. Wir glauben einem Gott, der ein bedingungsloses Interesse an uns Menschen hat. Er ist nicht ein Gott an sich, fern über den Wolken, der sich selbst genügt. Er ist ein Gott für uns, der in Beziehung treten will mit uns. Er ist der Gott des Bundes, der ein leidenschaftliches Interesse an jedem Einzelnen von uns hat.

Er sieht, er hört, er steigt herab

Der Schrei der Geknechteten und Gequälten dringt an sein Ohr. Das lässt ihn nicht gleichgültig. Im Buch Exodus (3,7-9) heißt es: „Der Herr sprach: Ich habe das Elend meines Volkes in Ägypten gesehen, und ihre laute Klage über ihre Antreiber habe ich gehört. Ich kenne ihr Leid. Ich bin herabgestiegen, um sie der Hand der Ägypter zu entreißen und aus jenem Land hinaufzuführen in ein schönes, weites Land, in ein Land, in dem Milch und Honig fließen."
Ist das nicht eine wichtige Zusage auch für unsere Zeit: ein Gott, der an unserer Not Anteil nimmt? Ein Gott als Wegbegleiter durch alle Höhen und Tiefen des Lebens, der uns nicht im Stich lässt? Der seinen Geist uns sendet, um alle Tage bei uns zu sein. Besonders in der Not ist er uns nahe.

Brennender Gott in seiner Sehnsucht nach uns

Warum wählte Gott einen Dornbusch? Er wählte den Dornbusch als Ort seiner Offenbahrung, den Strauch, der voller Dornen und Stacheln war, weil er Israels Bedrängnis sah. Er nahm Anteil an ihrer Not. Aus dem Feuer, das nicht verbrennt, sondern verwandelt, das nicht verzehrt, sondern erleuchtet, offenbart er uns seine Liebe. Er ist da in den Dornen der Not.

Pfingsten – Feuer und Dornen

„Mose weidete die Schafe und Ziegen seines Schwiegervaters Jitro, des Priesters von Midian. Eines Tages trieb er das Vieh über die Steppe hinaus und kam zum Gottesberg Horeb. Dort erschien ihm der Engel des Herrn in einer Flamme, die aus einem Dornbusch emporschlug. Er schaute hin: Da brannte der Dornbusch und verbrannte doch nicht. Mose sagte: Ich will dorthin gehen und mir die außergewöhnliche Erscheinung ansehen. Warum verbrennt denn der Dornbusch nicht?" (Ex 3,1-4)

Der Dornbusch verbrennt nicht

In der Bibel ist an vielen Stellen von prächtigen und nützlichen Bäumen die Rede. Die Zedern des Libanon waren bestens geeignet für den Haus- und Tempelbau. Ölbäume spendeten den Menschen Öl für die Lampen und Speisen. Feigen und Dattelpalmen halfen den Reisenden, in der Wüste zu überleben. Aber ein Dornenstrauch? Waren nicht Dornengewächse seit dem Sündenfall der Inbegriff für alles Schlimme, für Mühsal und Schmerz? Sie spenden keinen Schatten und keine Nahrung. Aber der Dornbusch wird erwählt als Ort der Erscheinung Gottes. Der Herr identifiziert sich mit den Kleinen, den Missachteten, den Zerschlagenen, um seine Liebe zu zeigen. Der Dornbusch ist würdig, Ort der Erscheinung Gottes zu sein.

Nicht nur ein Strohfeuer

Und noch eines ist bemerkenswert: Der Dornbusch verbrennt nicht. Gottes Liebe ist kein bloßes Strohfeuer. Dieses Feuer vergeht nicht, auch wenn es nach menschlichem Ermessen bei uns keine Nahrung mehr findet, wenn niemand mehr da zu sein scheint, der sich anstecken lässt von ihm. Wo Gott erscheint, ist das nicht wie ein Feuerwerk, das alle bestaunen und das gleich wieder verlöscht. Zu viele sind kurz begeistert von der Botschaft des Evangeliums. Doch wenn es Ausdauer und Opfer fordert, löschen sie schnell den Brand. Diese Menschen meint Jesus im Gleichnis vom Sämann. Ein Teil des Samens fällt auf den hart getretenen Weg. Er kann keine Wurzeln schlagen. Er verdorrt sofort, wenn die Glut der Sonne am Mittag den Boden austrocknet.

Nicht Asche, sondern Feuer

Wenn früher ein Bruder Mönch werden wollte, musste er Feuer werden. Er sollte wie der Dornbusch des Mose brennen, ohne sich zu verzehren. Die Sehnsucht nach Gott ließ ihn wach bleiben. Er bereitete seine Öllampe, um wie die klugen Jungfrauen das Kommen des Herrn zu erwarten.
Zu Pfingsten wurden alle vom Heiligen Geist entzündet. Weil auf jeden das Feuer herabkam und alle mit dem Geist erfüllt wurden (Apg 2,4), ist es wichtig, dass auch wir beten: „Entzünde mich, Herr, mit dem Feuer deiner Liebe! Mein Herz soll für dich brennen."

Fronleichnam – Im Anschauen deines Bildes

„Er ist das Ebenbild des unsichtbaren Gottes, der Erstgeborene der ganzen Schöpfung. Denn in ihm wurde alles erschaffen im Himmel und auf Erden, das Sichtbare und das Unsichtbare, Throne und Herrschaften, Mächte und Gewalten; alles ist durch ihn und auf ihn hin geschaffen. Er ist vor aller Schöpfung, in ihm hat alles Bestand … Denn Gott wollte mit seiner ganzen Fülle in ihm wohnen, um durch ihn alles zu versöhnen. Alles im Himmel und auf Erden wollte er zu Christus führen, der Frieden gestiftet hat am Kreuz durch sein Blut.“ (Kol 1,15-20)

Verehrung für ein geschändetes Kreuz

Als ich im Schwarzwald einige Urlaubstage verbrachte, hörte ich vom Balzer-Herrgott. Manche pilgern zu ihm wie bei einer Wallfahrt. Zwischen Waldkirch und Furtwangen liegt Gütenbach. Von dort erreicht man die Anhöhe Fallengrund. Dann geht es hinunter zum Mörderloch. Vor hundert Jahren stand über dem Tal von Wildgutach der stattliche Bauernhof der Familie Balzer. Heute stehen hier die Schwarzwaldtannen besonders dicht und hoch. Auf einer kleinen Lichtung breitet eine alte, knorrige Buche ihre Arme aus. Unter diesem Baum stand das Hofkreuz, das vermutlich schon im 16. Jahrhundert hier aufgerichtet wurde. Der Christuskorpus ist kunstvoll aus Sandstein geschlagen. Dann brannte der Hof ab. Das Kreuz stand wie ein Mahnmal unter der Buche. Daraufhin nahm sich die Legende seiner an. Die Legende erzählt: Als einem Jäger das Wild entgangen war, schoss er voll Zorn dem Christus die Beine und Arme ab. Ein Hirtenjunge, der vorbeikam, nahm das Bildwerk, das am Boden lag, und lehnte es an den Stamm der Buche. Der Baum umwuchs das Bild, hob es allmählich empor und im Laufe der Jahrzehnte wuchs der Christus immer tiefer in die Buche hinein. Heute sieht man nur noch das dornengekrönte Haupt, das vom Holz umfangen und geborgen scheint.

Das geschändete Kreuz wurde von einem Baum geehrt. Heute kommen Kinder und stellen einen Strauß Wiesenblumen vor den Balzer-Herrgott. Der Baum und das Bild Christi in ihm werden zum Zeichen für uns Menschen.
Ein Baum, der das geschändete Kreuz ehrt und umfängt, ist an diesem Festtag für mich die Herausforderung, Christus nicht zu verstecken in den Nischen unserer Kirchen, sondern sich zu ihm zu bekennen auf den Plätzen und Straßen, in der Öffentlichkeit und in den Medien. Sonst gilt das Wort Jesu: „Wenn die Menschen schweigen, werden die Steine reden“ (vgl. Lk 19,40).

Universale Hostie

Wenn am Fronleichnamsfest Christen den eucharistischen Herrn in der Monstranz durch die Dörfer und Städte tragen, ist das für mich eine ähnliche Erfahrung. Christen glauben an die Gegenwart Christi im Zeichen des Brotes. Wir halten es heilig und verehren es. Aber nicht nur die Kirche und der Tabernakel ist der Ort seiner Gegenwart, die ganze Welt ist die universale Hostie. Ich denke an ein Wort von Teilhard de

Chardin über die Eucharistie: „Die ganze Welt ist der Altar bis in die Abgründe der Erdgeschichte vom Alpha bis zum Omega der Schöpfung, die sich ständig wandelt. Die sakramentale Hostie ist umhüllt mit der unendlich viel größeren Hostie, die nichts weniger ist denn das Universum selbst. Über alles Leben, das an diesem Tag keimen, wachsen und reifen wird, sage: Dies ist mein Leib."

Herausforderung

An Fronleichnam tragen wir die Monstranz durch die Straßen, die wir bewohnen.
Er besucht die Straßen, die unseren Lebensraum ausmachen. Einige schmücken ihr Haus und hängen Fahnen auf, wie wenn ein hoher Staatsgast käme. Auch dort, wo man ihn leugnet, beugen wir unser Knie und singen den Hymnus des Thomas von Aquin (13. Jh.): „Gottheit tief verborgen, betend nah ich dir. Unter diesen Zeichen bist du wahrhaft hier."

Urlaub – Damit wir leben

„Sechs Tage sollst du arbeiten und alle deine Geschäfte erledigen, der siebte aber ist Ruhetag zu Ehren des Herrn, deines Gottes. An ihm sollst du keine Arbeit verrichten, weder du noch dein Sohn, noch deine Tochter, noch dein Knecht, noch deine Magd, noch der Fremde, der innerhalb deiner Tore wohnt. Denn in sechs Tagen hat der Herr Himmel, Erde und Meer gemacht und alles, was dazugehört; am siebten Tag ruhte er. Darum hat der Herr den Sabbattag gesegnet und ihn für heilig erklärt."

(Dtn 5,13-14; vgl. Ex 20,9-11)

„Ich habe endlich Urlaub." Das Wort ist wie ein Aufatmen oder wie ein Stoßseufzer. Das Wort befreit aus der Mühsal des Alltags. Ohne diesen Rhythmus von Arbeit und Freizeit, von Werktag und Sonntag würde jeder krank werden. Freizeit, freie Zeit ist lebensnotwendig. Selbst die Schöpfung braucht die Ruhephase des Winters.

Sabbat – die erste Arbeitszeitverkürzung

Auch die Geschichte lehrt uns, dass das Sabbatgebot eine Tat der Befreiung war. Das Heidentum kannte keine Sabbatruhe. Der arbeitende Mensch wurde rücksichtslos ausgebeutet. Erst in Israel wurde dieser brutalen Behandlung eine Schranke gesetzt. Im Sabbatgebot tritt Gott als Anwalt des Menschen auf: „Sechs Tage sollst du arbeiten und alle deine Geschäfte erledigen, der siebte aber ist Ruhetag zu Ehren des Herrn, deines Gottes. An ihm sollst du keine Arbeit verrichten" (Dtn 5,12-15). Die erste Arbeitszeitverkürzung haben nicht die Gewerkschaften erkämpft. Die erste Arbeitszeitverkürzung hat das Gesetz Gottes in der Geschichte der Menschheit durchgesetzt. Der Sieben-Tage-Rhythmus ist ein tiefes Bedürfnis der ganzen Schöpfung. In der Französischen Revolution und später nach der Oktoberrevolution in Russland gab es Versuche die Zehn-Tage-Woche, die sogenannte Dekade, einzuführen. Man erlebte, dass die Pferde vor den Pflügen zusammenbrachen.
Eine Geschichte aus dem jüdischen Kulturkreis fragt: „Was war die Strafe des Brudermörders Kain?" Die Antwort lautet: „Kain verlernte, was Sabbat ist." Er wurde rastlos und ruhelos auf Erden.

Sonntagsgebot?

Die Feier des Sonntags reicht bis in die Mitte des ersten Jahrhunderts zurück. In Rom übernimmt man den heidnischen Namen „Sonntag", deutet ihn aber christlich: An diesem Tag ist Jesus Christus, die wahre Sonne, auferstanden aus der Nacht des Todes. Jeder „Herrentag – domenica" ist ein kleines Osterfest. Unter Kaiser Konstantin wurde die Sonntagsruhe für das ganze Römische Reich gesetzlich verpflichtend. In unserem Grundgesetz sind die Sonntage und die staatlich anerkannten Feiertage geschützt. Um des Menschen willen sollten wir nicht daran rütteln. Der Sabbat und der Sonntag schenken uns einen Zeitraum der Freiheit und der eigenen Gestaltung zur Erholung und zur menschlichen Begegnung.

Urlaub, damit wir leben

In einem Gedicht des Nobelpreisträgers Pablo Neruda heißt es: „Lasst mich allein an einem Tag! Gebt mir Urlaub, dass ich geboren werde!" Kann man es so eindeutig sagen? Im Urlaub kann ich zum eigenen „Menschsein" zurückfinden. Brauche ich immer wieder diese freie Zeit, um Abstand zu finden, damit ich nicht gedankenlos dem Trott verfalle oder nur noch funktioniere? „Gebt mir Urlaub, damit ich neu geboren werde." Darin liegt der Anspruch, dass wir den Urlaub nicht wieder als Stress erleben, sondern Muße und Erholung, Freude und Lachen Raum und Zeit geben.
Auch Feste und Feiern brauchen einen Ort. Unser christlicher Glaube lädt im Jahreskreis zu vielen Feiern ein. Die Kirche macht im Sonntagsgebot die Freizeit sogar zur Verpflichtung, was im Grunde ein Widerspruch in sich ist.

Den Glauben feiern

Wer glaubt, der erfährt, wie wichtig das Feiern des Glaubens ist. Durch das Fest wird verhindert, dass der Glaube verkopft und zu reinen Lehrsätzen erstarrt. Vermutlich verdanken auch wir Christen den Feiern des Kirchenjahres mehr als den theologischen Belehrungen und gescheiten Reden. Die Feier des Sonntags lässt die Gemeinden leben und überleben. Denn wo man feiert und zu feiern versteht, entwickelt sich das Leben zuversichtlicher und intensiver. Wir sollten die Menschen nicht nur unterrichten und belehren, sondern mit ihnen feiern.

Ein altes jüdisches Sprichwort sagt: „Der Sabbat hat Israel mehr gehalten als Israel den Sabbat." Der Sabbat hat seinen Sitz im Leben der jüdischen Familie. Der Glaube und die Hoffnung Israels sagten sich in seinen Festen aus. Auf diese Weise entstand Überlieferung, kam es zum Zusammenhalt des Volkes, wurde die Einheit selbst in der Zerstreuung während der babylonischen Gefangenschaft feiernd durchgehalten.
Die Liturgie ist wie ein Spiel vor Gottes Angesicht. Unsere Kirche hat eine reiche Tradition, um den Glauben zu feiern. Im Gottesdienst feiern wir, was uns fehlt. Wir feiern den Frieden, obwohl unsere Tage manchmal voller Feindschaft und Hass sind. Wir feiern Versöhnung, obwohl der Streit manchmal mitten durch unsere Reihen geht. Wir feiern, was uns fehlt. Und feiernd begreifen wir, dass sich etwas ändern lässt. Wir erfahren, dass Friede und Versöhnung mitten unter uns und durch uns die Welt verwandeln können. Die Gemeinde ist der Ort des Festes und der Feier. In einer todernsten Zeit ist das ein wichtiger Dienst an der Gesellschaft.

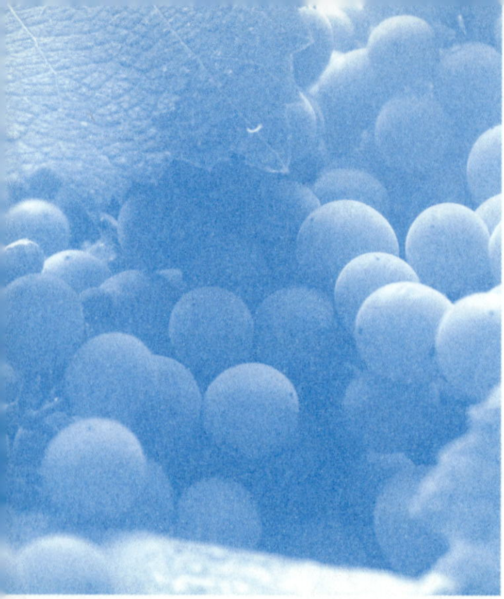

Der wahre Weinstock

„Ich bin der wahre Weinstock, und mein Vater ist der Winzer. Jede Rebe an mir, die keine Frucht bringt, schneidet er ab, und jede Rebe, die Frucht bringt, reinigt er, damit sie mehr Frucht bringt ... Bleibt in mir, dann bleibe ich in euch. Wie die Rebe aus sich keine Frucht bringen kann, sondern nur, wenn sie am Weinstock bleibt, so könnt auch ihr keine Frucht bringen, wenn ihr nicht in mir bleibt. Ich bin der Weinstock, ihr seid die Reben. Wer in mir bleibt und in wem ich bleibe, der bringt reiche Frucht; denn getrennt von mir könnt ihr nichts vollbringen.“ (Joh 15,1f.)

Geschenk des Himmels

Von allen Bäumen und Sträuchern, die auf unserer Erde wachsen, ist der Weinstock das königliche Gewächs. Nur in Hochkulturen gelingt das Pflanzen der Weinstöcke, die Pflege der Weingärten, das Ernten der Trauben. Die Lagerung und Reifung des Weines im Weinkeller ist eine eigene Kunst. Dann erfreut der Wein des Menschen Herz.
Von allen Getränken ist der Wein das königliche Geschenk des Himmels. Funkelnd und feurig im Glas erinnert er an die Mühsal des Winzers. Die Glut der Sonne und der Tau des Morgens bestimmen seine Reife. Der Wein ist die Seele festlicher Stunden. Er ist das Siegel der Freundschaft. Der Wein ist der Trost im Schmerz und die Apotheke des Kummers. Der Wein ist der Pulsschlag der Liebe.

Kelch des Heils

Das Christentum ist eine Religion, die das Zeichen des gebrochenen Brotes und den Kelch des Bundes besonders hervorhebt. Auf dem Altar steht der Kelch, der Becher mit Wein. „Nehmt und trinkt alle daraus!", spricht der Priester im Hochgebet bei der Eucharistiefeier die Wandlungsworte. „Dieser Kelch ist der neue Bund in meinem Blute, das für alle vergossen wird zur Vergebung der Sünden." Aus dem Abendmahlskelch trinken bedeutet dann eingehen in den Bund, den Gott mit uns geschlossen hat. Aus dem einen Kelch trinken heißt: Gemeinschaft finden durch die Liebe, die alle durchströmt. Am Kreuz flossen Blut und Wasser aus der geöffneten Herzwunde des Herrn. Das aufgebrochene Herz wird zur Quelle des Heils und zum Brunnen der Liebe. Wenn wir den Abendmahlskelch ergreifen, erfahren wir, dass Christus sich selbst für uns hingegeben hat.
Wir erheben den Kelch, feiern sein Gedächtnis und die Erinnerung an sein Erlösungsopfer. Wir trinken aus dem einen Becher und erleben, dass wir Brüder und Schwestern sind. Denn das Trinken beim Mahl stiftet und festigt Gemeinschaft. Wie die vielen Beeren aus den Trauben zum Wein im Kelch vereinigt sind, so verbindet uns Christi Liebe. Im Trinken aus dem Kelch erfahren wir die Nähe Gottes und die Verbundenheit untereinander.
Was Menschen je gemeinsam essend und trinkend feierten: ein Hochzeitsmahl, ein Krönungsmahl, ein Totenmahl, ein Versöhnungsmahl oder ein Opfermahl – das alles ist in der Eucharistie enthalten. Auch wenn heute oft aus Einsamkeit getrunken wird, ist Trinken ein Zeichen der Gemeinschaft. Beim Trinken werden Ehen und Freundschaften

geschlossen. Beim Trinken wird das Du angeboten und die Bruderschaft besiegelt. Mancher Vertrag wurde in alter Zeit geschlossen, indem alle Anwesenden aus einem Becher tranken. Der kreisende Kelch verpflichtete alle zur Treue. Mancher Pakt und mancher Bund wurde so besiegelt.

Weinstock und Rebe

Viele Gleichnisse in der Bibel entfalten das Bild vom Weinstock, vom Weingarten oder von Rebe und Traube, die in der Kelter ausgepresst werden. „Nur ein Gleichnis entspricht unserem Erkennen", schreibt Paulus. Die Schöpfung ist ein Spiegelbild seiner Herrlichkeit.
Weinstock und Beere, Weinberg und Rebe – in diesen Bildern spricht die Bibel. Es beginnt im Buch Genesis mit den Traum, den der Mundschenk des Pharao dem Josef von Ägypten erzählt: „Er sagte zu ihm: Im Traum sah ich vor mir einen Weinstock. Am Weinstock waren drei Ranken und es war mir, als triebe er Knospen. Seine Blüten wuchsen und schon reiften die Beeren an seinen Trauben ..." (Gen 40,9). Zum Gerichtsbild für Israel wird der Weinberg, den die wilden Tiere verwüsten. „Sie haben meinen Weinberg verwüstet, mein Feld zertreten, mein prächtiges Feld zur öden Wüste gemacht" (Jer 12,10). In den Psalmen bittet Israel: „Gott der Heerscharen, wende dich uns wieder zu! Blick vom Himmel herab und sieh auf uns! Sorge für diesen Weinstock" (Ps 80,15). Das Gesetz Israels schreibt sogar vor: „Wenn du in deinem Weinberg die Trauben geerntet hast, sollst du keine Nachlese halten. Sie soll den Fremden, Waisen und Witwen gehören" (Dtn 24,21).

„Ich bin der Weinstock"

Im Evangelium des Johannes identifiziert sich Jesus mit dem Bild vom Weinstock. „Ich bin der Weinstock" (Joh 15,1) ist das siebte der Ich-bin-Worte im Johannesevangelium. In den Ich-bin-Worten hat das Johannesevangelium ausgedrückt, was Christus alles ist: das Licht der Welt, das Brot, der gute Hirte, die Tür zum Schafstall. Jedes dieser Bilder fügt den anderen etwas Bedeutsames hinzu.
Das häufigste Wort im Weinstock-Evangelium ist das Wort „bleiben". Die Lebenseinheit der Rebzweige mit dem Weinstock ist die Bedingung für das Fruchtbringen. Christus ist der Weinstock, wir die Reben. Der Weinstock aber ist die Existenzgrundlage der Reben. Sie leben von ihm. Sie verdorren, wenn sie die Verbindung mit ihm kappen.
Ist der Winzer nicht ein harter Mann, wenn er mit der Schere kommt und ausmerzt? Es scheint so. Aber jeder Weingärtner muss so handeln,

muss Reben, die keine Frucht bringen, abschneiden. Sie kosten den Stock Kraft; die Kraft wäre vergeudet. Nur im lebendigen Austausch wachsen die Früchte.

Strom der Liebe

„Communio“ ist auch ein Grundbegriff unseres Glaubens. „Ich bin der Weinstock, ihr seid die Reben“, sagt Jesus. Nur in dieser lebendigen Verbundenheit wachsen die Früchte. Die Rebe lebt nicht aus sich, sondern nur im Kreislauf des Lebensstromes, den sie aus dem Wurzelstock empfängt. „Wer in mir bleibt und in wem ich bleibe, der bringt reiche Frucht; denn getrennt von mir könnt ihr nichts vollbringen.“ Er in mir und ich in ihm. Gibt es eine tiefere Kommunikation? „Nicht mehr ich lebe, Christus lebt in mir“, sagt der Apostel Paulus. Im lebendigen Strom der Liebe beginnt alles zu blühen und Früchte zu tragen. „Herr, zwischen dir und mir sind alle Dinge schön“, schreibt die deutsche Mystikerin Mechthild von Magdeburg. „Als ich dir mein Du verschenkte, begann das Fest meines Lebens. Mit tausend Namen rufe ich den Freund: Wo ich gehe – DU, wo ich stehe – Du. Wohin ich mich wende an jedem Anfang und Ende: nur DU – wieder DU – immer DU“ (nach Martin Buber).

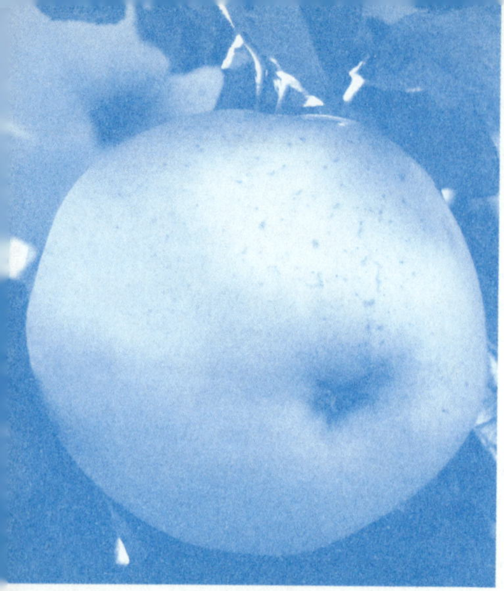

Erntedank – Früchte, nicht Erfolge

„Fürchte dich nicht, fruchtbares Land! Freu dich und juble; denn der Herr hat Großes getan. Fürchtet euch nicht, ihr Tiere auf dem Feld! Denn das Gras in der Steppe wird wieder grün, der Baum trägt seine Frucht, Feigenbaum und Weinstock bringen ihren Ertrag. Jubelt, ihr Söhne Zions, und freut euch über den Herrn, euren Gott! Denn er gibt euch Nahrung, wie es recht ist. Er schickt euch den Regen, Herbstregen und Frühjahrsregen wie in früherer Zeit. Die Tennen sind voll von Getreide, die Keltern fließen über von Wein und Öl ... Ihr werdet essen und satt werden und den Namen des Herrn, eures Gottes, preisen, der für euch solche Wunder getan hat." (Joel 2,21-24.26-27)

Dank für die Früchte der Erde

Am Erntedankfest stehen die Früchte im Mittelpunkt. Wer das Wort Frucht richtig versteht, weiß, dass die Frucht Gabe des Himmels ist. Wer das Wort genau nimmt, erkennt den Unterschied zwischen Frucht und Erfolg. Der Erfolg ist Leistung des Menschen, Früchte brauchen den Segen des Himmels. Wer Früchte erntet, der ist ein dankbarer Mensch. Am Fest Erntedank feiern wir die Grundüberzeugung, dass nicht alles in eigener Regie und aus eigener Kraft machbar ist, sondern dass wir danken, weil Gott unser Leben so wunderbar beschenkt.

Aus dieser Überzeugung heraus weihten die Israeliten die ersten Früchte dem Herrn. Im Buch Numeri heißt es: „Von allem, was es in ihrem Land gibt, gehören dir die Erstlingsfrüchte, die sie dem Herrn bringen" (Num 18,13). Auch die Erstgeburt trugen sie in den Tempel und weihten das Kind dem Herrn, wie wir es auch von Jesus erfahren (Lk 2,22). In vielen Kirchen stellt man heute die Früchte des Feldes, Obst und Gemüse aus dem Garten, Blumen und Kräuter vor den Altar. Und auf den Altar legen wir Brot und Wein. „Frucht der Erde und der menschlichen Arbeit" – so sprechen wir dann im Gabengebet. Brot und Wein erhalten eine Würde und Anerkennung, die Getreidebörse und Weinkeller nicht geben können.

Früchte trägt die Erde, nicht Erfolge

Wir sagen Erfolg und wir meinen doch damit, dass das Ergebnis unsere eigene Leistung ist. Der Mensch muss heute Karriere machen und erfolgreich sein. Frucht aber ist nicht nur Leistung des Menschen. Frucht ist ein Ergebnis der Mühen des Gärtners, aber auch das Geschenk des Himmels. Der Bauer pflügt und düngt seinen Acker. Er sät und begießt. Wachsen lassen tut ein anderer. Die Ernte unterliegt vielen Bedingungen. Regen zur rechten Zeit und Sonnenschein lassen die Früchte reifen. Der Bauer, der Winzer, der Gärtner sind dankbare Menschen. Jeder Obstbaum zum Beispiel lehrt uns, demütig zu sein. Wie oft geschieht es, dass im Herbst seine Äste gnadenlos leer in die Luft ragen. Der Frost hat seine Blüten vernichtet, die Insekten haben seine Früchte zerstochen, die Sonne hat aus dem Boden die letzte Feuchtigkeit gezogen. Der Baum lehrt uns, dass seine Früchte nicht nur eigene Erfolge sind, sondern Geschenke des Himmels.

Erfolg ist kein Name Gottes

„Erfolg ist kein Name Gottes“, schreibt Martin Buber. Und in der Bibel steht nie: „Seid erfolgreich.“ Oft aber lesen wir in der Heiligen Schrift: „Seid fruchtbar!“

Wir sprechen vom Erfolg und von unserer eigenen Leistung. Wir sind stolz auf unsere Erfolge und zeigen sie wie Goldmedaillen den Bekannten. Der Wettbewerb der Tüchtigen bestimmt die Leistungsgesellschaft. Wir planen und leisten, wir machen und fabrizieren. Wir verlangen Anerkennung und Lohn für unsere Leistung. Wie gnadenlos leben wir eigentlich? Ob man die Frage des Apostels Paulus noch versteht: „Was hast du, das du nicht empfangen hättest?“ (1 Kor 4,7).

Bringt reiche Frucht hervor

Schon in der Schöpfungsgeschichte heißt es: „Gott segnete sie und sprach: Seid fruchtbar!“ (Gen 1,22). Fruchtbar soll unser Leben sein, besonders an geistigen Früchten, wie Paulus an die Kolosser schreibt: „Ihr sollt Frucht bringen in jeder Art von guten Werken und wachsen in der Erkenntnis Gottes“ (Kol 1,10).

Die Früchte, nicht die Erfolge werden zum Erkennungszeichen eines gelungenen Lebens. Die Bäume können unsere Lehrmeister sein. Der Evangelist Matthäus schreibt: „Entweder: der Baum ist gut – dann sind auch seine Früchte gut. Oder: der Baum ist schlecht – dann sind auch seine Früchte schlecht. An den Früchten also erkennt man den Baum“ (Mt 12,33). „An ihren Früchten also werdet ihr sie erkennen“ (vgl. Mt 7,17–20).

Dies ist das eindeutigste Merkmal zur Unterscheidung der Geister, wie Lukas sagt: „Jeden Baum erkennt man an seinen Früchten: Von den Disteln pflückt man keine Feigen und vom Dornstrauch erntet man keine Trauben“ (Lk 6,44).

Im Rückblick wird immer klar, ob der Baum gute oder schlechte Früchte getragen hat. Die Ergebnisse unserer Entscheidungen, unserer Bemühungen, unserer Versäumnisse lassen sich nicht retuschieren. Die Früchte sind wahr. Die Früchte entlarven Lebenslügen. Die Früchte bewahren unsere Welt vor den Täuschungsmanövern der Lebenskünstler.

Vor meinem Gott möchte ich ein Dankfest feiern

Pflücke die Früchte vom Baum deines Lebens! Feiere deine Ernte, die vielfältigen Früchte deines Lebens! Kann dir Schöneres passieren, als deine Freude zeigen zu dürfen? Mit Stolz – recht verstanden – zeigt man seine Ergebnisse. Auch auf die Gefahr hin, dass man den Neidern begegnet. Mit meinen Freunden möchte ich ein Erntefest feiern.

Es ist gut, wenn in betagten Jahren der Rückblick Freude macht, trotz der verpassten Gelegenheiten. Ich freue mich jedes Mal mit, wenn Eltern mit Stolz von ihren Kindern erzählen. Wenn Kinder am Erntedankfest Gaben zum Altar bringen, dann leuchten die Gesichter der Eltern und Großeltern. In einem Land, das als kinderärmstes der Welt gilt, ist jedes Kind ein Zeichen dafür, dass Gott uns weiterhin mit seinem Segen begleiten will.

Die Ernte des Lebens will ich feiern. Es wird ein Dankfest sein für meinen Schöpfer, der mich so wunderbar erschaffen, behütet und begleitet hat (Psalm 8).

Allerseelen – Im Abschiednehmen leben

„Jesus sagte: Jeder, der um meines Namens willen Häuser oder Brüder, Schwestern, Vater, Mutter, Kinder oder Äcker verlassen hat, wird dafür das Hundertfache erhalten und das ewige Leben gewinnen." (Mt 19,29)

Abschied tut weh

Abschiedsszenen werden in Büchern beschrieben, in Filmen dramatisch dargestellt. Jede Reise beginnt mit dem Abschied. Der Tod ist das Ende, dem keiner entrinnen kann. Und Abschied tut weh. Am Fest Allerheiligen und an Allerseelen gehen viele auf den Friedhof und besuchen die Gräber ihrer lieben Verstorbenen. Jedes Grab erinnert auch an schmerzliche Stunden des Abschieds.

Loslassen

Unsere Lebenszeit ist die Probe darauf, den Abschied einzuüben. Viele Abschiede, viele kleine Tode müssen wir erleben und erleiden, bis wir reif sind, den letzten Abschied mit Würde zu bestehen. „Loslassen" ist der wichtigste Begriff der Spiritualität. Wer sich festklammert und festhält, blockiert jede Entwicklung. Jeder Baum muss im Herbst seine Blätter fallen lassen. Sonst haben die Knospen, die im Frühling aufbrechen, keinen Platz. Die Jahreszeiten deuten es an, dass auch unsere Lebenskurve den Abschied für uns vorgesehen hat. Alles folgt dem ewigen Gesetz, es fällt.

Zum Geheimnis des Lebens gehört das Lassen. Manchmal glaube ich, dass es die Kunst des Lebens ist, den Abschied einzuüben. Alles in uns ist auf Festhalten programmiert. Dennoch: Alles, was wir festhalten wollen, entgleitet uns auf geheimnisvolle Weise.

Das ewige Gesetz

Aber wir ahnen, dass Neues nur wächst, wenn wir Altes loslassen. Ist das die innere Weisheit des Baumes, der jedes Jahr seine Blätter abwirft, um dem Neuen eine Chance zu geben? Ob auch wir lernen loszulassen, was schwer an uns hängt und unserer Tage Mühsal ausmacht? Wir müssen uns die Freiheit nehmen, den Ballast abzuwerfen, um frei zu werden für neue Möglichkeiten. Wir alle folgen dem ewigen Gesetz: Wir fallen.

Rainer Maria Rilke hat es in Verse gefasst.

Die Blätter fallen, fallen wie von weit,
als welkten in den Himmeln ferne Gärten;
sie fallen mit verneinender Gebärde.

Und in den Nächten fällt die schwere Erde
aus allen Sternen in die Einsamkeit.

Wir alle fallen. Diese Hand da fällt.
Und sieh dir andre an: es ist in allen.

Und doch ist Einer, welcher dieses Fallen
unendlich sanft in seinen Händen hält.

„Nimm Abschied und gesunde!"

Jeder Abend ist ein Abschied. Jede Reise beginnt mit dem Schmerz des Abschieds. Jede Trennung und jede Scheidung ist wie ein Tod. Die Hospiz-Bewegung lehrt uns, im Abschiednehmen zu leben. Von Abschied zu Abschied, bis der letzte uns gelingt.
Der Abschied ist aber auch eine Tür zu neuem Leben. Die vielen Abschiede sorgen dafür, dass unser Leben nicht zu häuslich wird.

Christkönig – Der Weltenbaum

„Hör also, was ich im Traum gesehen habe, und deute es mir! Was ich auf meinem Lager vor Augen hatte, war dies: Da stand ein Baum mitten auf der Erde; er war sehr hoch. Der Baum wuchs zusehends und wurde immer mächtiger; seine Höhe reichte bis an den Himmel; er war bis ans Ende der ganzen Erde zu sehen. Er hatte prächtiges Laub und trug so viele Früchte, dass er Nahrung für alle bot. Unter ihm fanden die wilden Tiere des Feldes Schatten; die Vögel nisteten in seinen Zweigen; alle Lebewesen ernährten sich von ihm. Während ich auf meinem Lager noch das Traumbild sah, stieg ein Wächter, ein Heiliger, vom Himmel herab. Er befahl mit mächtiger Stimme: Fällt den Baum und schlagt seine Äste ab! Streift sein Laubwerk ab und zerstreut seine Früchte! Die Tiere sollen aus seinem Schatten fliehen und die Vögel aus seinen Zweigen … Das ist der Traum, den ich, König Nebukadnezzar, gehabt habe.“ (Dan 4,6-11,15)

Bäume wachsen nicht in den Himmel

In Träumen erscheinen Bäume, Bilder aus einer tief eingeprägten Symbolwelt. Ein uraltes Traumbild ist das vom Weltenbaum. Im Buch Daniel, (Kapitel 4,7-11), sieht König Nebukadnezzar den Baum, der bis in den Himmel wächst.
Um 600 vor Christus war Nebukadnezzar der mächtigste Mann der Welt. Im Bild vom Weltenbaum, der allen Lebewesen Herberge gewährt, träumt er von einem die Erde umfassenden Reich. Aber der Traum vom selbst gepflanzten Weltenbaum scheitert. Der Baum wird gefällt. Das ist die geschichtliche Realität. Kein Reich in dieser Welt erreichte es jemals, dass die Menschen auf Dauer von seinen Früchten leben und in seinem Schatten wohnen konnten.
In dieser Situation bietet Gott uns seine Alternative an. Er hat sich in Jesus eingewurzelt in unsere Welt. Er hat Fuß gefasst in unserer Geschichte mit seinem unerschöpflichen und unzerstörbaren Leben. Jetzt kann wachsen, was die Menschen seit alters her erträumen: ein Reich des Friedens und der Gerechtigkeit. An das Traumbild vom Weltenbaum im Buch Daniel knüpft die Verkündigung Jesu im Gleichnis vom Senfkorn an. So wirkt die Kraft Gottes und verwandelt alles. Das kleinste der Samenkörner wächst zu einem großen Baum heran, in dessen Zweigen die Vögel des Himmels wohnen (Mt 13,31-32).

Kleines Senfkorn Hoffnung

Dieses Gleichnis setzt den Traum vom Weltenbaum fort. Hier wächst der Lebensbaum heran, der allen Lebewesen Nahrung, Schutz und glückliche Zukunft schenkt. Die Kraft eines einzigen Korns ist so groß, dass es alles verwandeln kann.
Die ursprüngliche Botschaft Jesu trägt in sich ein grenzenloses Gottvertrauen. Die Bibelwissenschaftler nennen die Wachstumsgleichnisse deshalb die Texte des galiläischen Frühlings. Wo sich in der Gemeinde Enttäuschung breitmachte, erzählte man sich diese Gleichnisse. Nirgendwo in den Evangelien sind wir näher, unmittelbarer an der Botschaft des Mannes aus Nazaret. Das ist die eigentliche Antwort der Wachstumsgleichnisse: Vertraut auf die Kraft des Kleinen, denn Gott wirkt gerade in ihm. Gerade in der Krise sucht man ein Fundament, um Halt zu finden. Gerade in der Ohnmacht ist das Vertrauen wie eine Hand, an der man sich festhalten kann.

Die Jüngergemeinde erlebte später, wie viele wieder abfielen, als ihre Messiaserwartungen sich nicht erfüllten. Als die Verfolgungen begannen, kehrten einige der Botschaft Jesu den Rücken. Jetzt erinnerte sich die junge Gemeinde gern an die Gleichnisse vom Senfkorn. Es waren verlässliche Bilder gegen die Angst. Sie verstanden das Trostwort, das Jesus ihnen geschenkt hatte. Auf den Kontrast kommt es an: Das kleinste der Samenkörner wird zu einem großen Baum, in dem die Vögel des Himmels wohnen können. So ist es mit dem Reich Gottes. Die kleine Herde (Lk 12,32) lernte, auf Gott zu vertrauen am Beispiel des Senfkornes.

Der ohnmächtige König

Die Kernaussage des Christkönigsfestes lautet: Nicht Macht, sondern Ohnmacht ist das Thema. Das Fest stellt uns einen ohnmächtigen König vor Augen. Im Evangelium heißt es: „Als sie Jesus gekreuzigt hatten, spotteten Mitglieder des Hohen Rates: Anderen hat er geholfen, nun soll er sich selbst helfen ... Und die Soldaten verspotteten ihn: Wenn du der König der Juden bist, dann hilf dir selbst“ (vgl. Lk 23,35 ff).
Was ist das für ein Königtum? Als Jesus sich selbst zum ersten Mal König nannte, stand er gebunden vor dem römischen Statthalter Pilatus. Welch ein König! Dornen als Königskrone, ein Schilfrohr als Zepter, einen Purpurmantel um gegeißelte Schultern. Die Situation, in der Jesus König genannt wird, ist geradezu grotesk. Mit dem Königstitel machen sie ihn lächerlich. Zum Spottkönig haben sie ihn erniedrigt.
Wie ein Grundmuster durchziehen Macht und Ohnmacht das Leben Jesu. Als die Leute nach der wunderbaren Brotvermehrung Jesus zum König machen wollten, lief er ihnen weg. Als er gebunden vor Pilatus stand, sagte er: „Ja, ich bin ein König!“
Es ist wichtig, diesen Kontrast zu beachten. Jesus geht es nicht um Machtposition und eigene Interessen. Sein Thron ist das Kreuz. Er setzt die Selbsthingabe an die Stelle der Selbstbehauptung. Er fordert nichts für sich, er verschenkt. Er lässt sich nicht bedienen, er dient. Er wäscht anderen nicht den Kopf, sondern die Füße. Die Großen der Geschichte lassen Menschen für sich sterben. Jesus aber stirbt selbst für die Menschen. Er sagt: „Die Könige der Erde gebieten über ihre Völker, ich aber bin mitten unter euch wie ein Diener“
(vgl. Lk 22,25.27).
Das ist seine Königsherrschaft: die Macht der Liebe. Das ist die Macht der Machtlosen: Jesus setzte sich nicht durch, sondern für andere ein.

Er tat das nicht mit Gewalt, sondern mit Hingabe und Liebe. Der Ohnmächtige weiß sich getragen von der Macht Gottes. Im Gleichnis vom Senfkorn möchte Jesus dieses Vertrauen seinen Jüngern weitergeben: „Die Apostel baten damals den Herrn: Stärke unseren Glauben! Der Herr erwiderte: Wenn euer Glaube nur so groß wäre wie ein Senfkorn ..." (Lk 17,5).

Verlässliche Bilder gegen die Angst

„Heute kann man für die Kirche nur noch das Requiem anstimmen", sagte mir ein Freund. Er hatte viele Argumente dafür: der Schwund bei den Gottesdienstbesuchern, der Verkauf und Abriss von Kirchen, die Verdunstung des Glaubens. Heutige Kirchenapokalyptik malt die Zukunft in dunklen Farben.

Das kleine Senfkorn Hoffnung ist ein verlässliches Bild, damit niemand in der Angst untergeht. Wer heute das Gefühl hat, dass alles vergeblich ist, kann wieder das Vertrauen lernen am Beispiel des Senfkornes. Wer kleinmütig und verzagt ist, wenn er an die Zukunft der Kirche denkt, der sollte sich erinnern, welche Kraft und Entfaltungsmöglichkeit im kleinsten der Samenkörner liegt. Es gibt verlässliche Bilder, die in misslicher Lage neue Impulse setzen.

„Stark wie ein Baum" ist der Titel dieses Buches. Der Baum wird zum Symbol, das die Feier des Kirchenjahres inspirieren kann. Der Baum trägt in sich eine Vision, die Mutlosigkeit neu beleben kann. Paul M. Zulehner sagt: „Die einzig wirksame Gegenkraft gegen Resignation ist die Vision."

Ob der Abschied eine Therapie ist, um zu gesunden? Hermann Hesse spricht davon in seinem Gedicht „Stufen". Seine Verse fordern zum Abschied heraus: „Es muss das Herz bei jedem Lebensrufe bereit zum Abschied sein und Neubeginne [...] Und jedem Anfang wohnt ein Zauber inne, der uns beschützt und der uns hilft zu leben. Nur wer bereit zu Aufbruch ist und Reise, mag lähmender Gewöhnung sich entraffen [...] Es wird vielleicht auch noch die Todesstunde uns neuen Räumen jung entgegensenden, des Lebens Ruf an uns wird niemals enden [...] Wohlan denn, Herz, nimm Abschied und gesunde!"

Dies ist kein leicht verständliches Wort, aber ein wichtiges Wort: „Wohlan denn, Herz, nimm Abschied und gesunde!"

Quellenverzeichnis

S. 16 © Helga Rusche, Verlegenheit im Advent.

S. 25 Rainer Maria Rilke, Gesammelte Werke, Insel Verlag 2003.

S. 32 Rainer Maria Rilke, Gesammelte Werke, Insel Verlag 2003.

S. 33 Hermann Hesse, Bäume, Insel TB 455.

S. 38 Günter Grass, Wer lacht hier, hat gelacht, Steidl Verlag und Druckerei GmbH & Co.

S. 43 Eveline Hasler, Die namenlose Geliebte. Geschichten und Gedichte © 1999 Nagel & Kimche im Carl Hanser Verlag, München.

S. 63 Ernst Ginsberg, Abschied.Erinnerungen Theateraufsätze Gedichte. Hg. v. Elisabeth Brock-Sulzer © 1965, 2005 by Arche Literatur Verlag AG, Zürich-Hamburg.

S. 70 Schalom Ben-Chorin, Freunde dass der Mandelzweig, Text: Schalom Ben-Chorin (nach Jer 1,11), Melodie: Fritz Baltruweit, © 1983 Hänssler Verlag, 71087 Holzgerlingen.

S. 73 Rabindranath Tagore, Collected Poems etc, p. 146.

S. 75 Hermann Hesse, Stufen, Ausgewählte Gedichte, Suhrkamp, Frankfurt 1970.

S. 84 Teilhard de Chardin, © Patmos Verlag GmbH & Co. KG, Düsseldorf.

S. 98 Rainer Maria Rilke, aus „Das Herbstbuch“, Insel Verlag 1982.

S. 102 Hermann Hesse, Ausgewählte Gedichte, Suhrkamp, Frankfurt aM 1970.

Fotonachweis

S. 7, 10 aboutpixel.com / Gerti G.

S. 13 photocase.com / jarts

S. 17 photocase.com / Dragon30

S. 2o photocase.com / moqua

S. 23, 31 photocase.com / petzi

S. 25 aboutpixel.com / bruno

S. 28 aboutpixel.com / NeeL

S. 34 aboutpixel.com / steff74

S. 37,44 aboutpixel.com / ardi

S. 41 aboutpixel.com / mp3master

S. 47 photocase.com / gusperus

S. 50 photocase.com / saallami

S. 53, 80 photocase.com / dillfrau

S. 56 photocase.com / SyRix

S. 59 photocase.com / UdoP

S. 62 photocase.com / spacejunkie

S. 64 photocase.com / jlokij

S. 69 photocase.com / gerold_uder

S. 72, 74, 82 aboutpixel.com / psmola

S. 77 photocase.com / sral69

S. 85 aboutpixel.com / schmidt.koeln

S. 88 photocase.com / elke

S. 92 aboutpixel.com / YariK

S. 96 aboutpixel.com / stormpic

S. 99 aboutpixel.com / Hanseat